AF360864

ESSAY

SUR LES FEUX

D'ARTIFICE

POUR LE SPECTACLE

ET

POUR LA GUERRE.

Par Mr. P. D'Orval.

A PARIS,

Chez COUSTELIER, Quay des Augustins,
près la ruë Gist-le-Cœur.

M. DCC. XLV.

AVEC PRIVILEGE DU ROY.

PRÉFACE.

SI nous imitons les Romains dans la magnificence de leurs Spectacles publics, c'est sans contredit par l'appareil de nos Feux artificiels : ils font cependant encore bien éloignés de la variété dont ils feroient fufceptibles ; l'art de les préparer eft à peine connu. Le regarderoit-on comme frivole ? non fans doute, puifqu'ils nous fervent également à témoigner à notre glorieux Monarque notre zele & notre amour, & à célébrer avec éclat fes victoires.

Deux voyes paroiffent ouvertes à ceux qui veulent s'inftruire dans la Pyrotechnie ; ils ont recours ou aux Auteurs qui en ont traité, ou aux Artificiers. Difons à la louange de ces derniers, que c'eſt d'eux que s'apprend la méthode la plus aiſée & la plus certaine d'opérer. Quant aux Livres que nous avons en ce genre, loin d'être ſatisfaiſans, ils ne ſont propres qu'à faire perdre ſans fruit le tems & l'argent d'un curieux qui auroit la patience de s'y arrêter : en général, ces Auteurs n'avoient qu'une Théorie vague de leur ſujet, & l'on a peine à croire qu'ils euſſent oſé entreprendre l'exécution de pluſieurs choſes dont ils annoncent la réuſſite comme infaillible. Mais ſi les Artificiers ſont ceux dont on tire les plus ſûrs éclairciſſemens, on peut auſſi leur reprocher à juſte titre leur maniere uniforme de travailler, & leur peu d'induſtrie à imaginer du neuf : pluſieurs d'entr'eux ne ſçavent qu'exécuter machinalement ce qu'on leur a montré ; moins Artiſtes qu'Artiſans, ils ſont hors d'état de former le moindre raiſonnement ſur ce qui les occupe journellement ; ſouvent même un air de réſerve & de myſtere couvre leur inſuffiſance.

J'ai réuni dans ces Essais ce que l'expérience m'a fait remarquer de bon
dans les speculations des Auteurs
& dans la pratique des Artificiers. Une
maniere simple & détaillée d'opérer
que j'indique ; mon attention à guider
comme pas à pas le Lecteur , & à ne
lui laisser de doute ni d'incertitude sur
rien ; une description exacte de ce qui
m'a réussi ; voilà quel est mon travail.
Je donne quelques découvertes, mais
je ne prétens point m'attribuer l'invention de plusieurs choses que j'ai puisées
dans les Auteurs ; on pourra seulement
me sçavoir quelque gré d'en avoir ren-
du l'exécution facile, & d'avoir suppri-
mé nombre de préparations, d'ingré-
diens , de poisons même , aussi inutiles que dangereux, & qu'une sorte de
charlatanerie ou d'ignorance avoit fait
adopter aux Anciens.

Je dois rendre compte en particulier
de la cinquieme Partie de cet ouvrage.
Elle comprend les feux d'Artifice pour
la Guerre, qui ne sont presque plus d'u-
sage, & quelques inventions qui ne le

feront apparemment pas davantage.
J'aurois dû peut-être retrancher cette
Partie, qui d'ailleurs n'a point entierement, comme les quatre premieres,
l'expérience pour bafe. Je conçois
très-poffible l'exécution de certaines
machines que j'y propofe, telle eft entr'autres la maniere de préparer une
Bombe pour qu'elle créve en touchant la terre. Je laiffe aux perfonnes
de l'Art à décider fi je me fuis trom-
pé ; mais j'avoue franchement que je
n'ai point eu la commodité d'en faire
des épreuves. J'ai laiffé cependant fub-
fifter cet article, par l'unique raifon
qu'une idée même hazardée peut quelquefois, étant rectifiée, conduire à une
autre plus utile, & que telle machine
portée à fa perfection ne la doit fou-
vent qu'à plufieurs mains qui s'y font
fucceffivement exercées.

TABLE

DES CHAPITRES

contenus dans ce Volume.

PREMIERE PARTIE.

Des Matieres qui entrent dans la compofition des Feux d'Artifice.

DEUXIEME PARTIE.

Des Fusées volantes & autres Feux qui ont leur effet dans l'air

TROISIEME PARTIE.

Des Feux qui ont leur effet sur terre.

QUATRIEME PARTIE.

Des Feux Aquatiques.

CINQUIEME PARTIE.

Des Feux d'Artifice pour la Guerre.

Fin de la Table des Chapitres.

APPROBATION.

J'Ai lû par ordre de Monseigneur le Chancelier *l'Essai sur les Feux d'Artifice pour le Spectacle & pour la Guerre.* Cet Ouvrage m'a paru fait avec ordre & clarté. A Paris ce 20 Août 1744. MONTCARVILLE.

PRIVILEGE DU ROI.

LOUIS, par la grace de Dieu, Roi de France & de Navarre : A nos amés & féaux Conseillers & Gens tenans nos Cours de Parlement, Maîtres des Requêtes Ordinaires de notre Hôtel, Grand Conseil, Prevôt de Paris, Baillifs, Sénéchaux, leurs Lieutenans Civils & autres nos Justiciers qu'il appartiendra, SALUT. Notre bien amé, le Sieur P . . . . . . D'O . . . . Nous a fait exposer qu'il desireroit faire imprimer & donner au Public un Manuscrit qui a pour titre : *Essai sur les Feux d'Artifice pour le Spectacle & pour la Guerre,* s'il Nous plaisoit de lui accorder nos Lettres de Privilege, pour ce necessaires. A CES CAUSES, voulant favorablement traiter l'Exposant, Nous lui avons permis & permettons par ces Présentes de faire imprimer ledit Manuscrit en un ou plusieurs volumes, & autant de fois que bon lui semblera, & de les faire vendre & débiter par tout notre Royaume pendant le temps de neuf années consécutives, à compter du jour de la datte desdites Présentes. Faisons défenses à toutes sortes de personnes, de quelque qualité & condition qu'elles soient, d'en introduire d'impression étrangere dans aucun lieu de notre obéissance : comme aussi à tous Libraires, Imprimeurs & autres d'imprimer, faire imprimer, vendre, faire vendre, ni contrefaire ledit Ouvrage, ni d'en faire aucun extrait sous quelque prétexte que ce soit, d'augmentation, correction, changement ou autres, sans la permission expresse & par écrit dudit Exposant ou de ceux qui auront droit de lui, à peine de confiscation des Exemplaires contrefaits & de trois mille livres d'amende contre chacun des contrevenans, dont un tiers à Nous, un tiers à l'Hôtel-Dieu de Paris, & l'autre tiers audit Exposant, ou à celui qui aura droit de lui, & de tous dépens, dommages & interêts ; à la charge que ces Présentes seront enregistrées tout au long sur le Registre de la Communauté des Libraires & Imprimeurs de Paris dans trois mois de la datte d'icelles ; que l'impression dudit Ouvrage sera faite dans notre Royaume & non ailleurs, en bon papier & beaux caracteres, conformément à la feuille imprimée attachée pour modéle sous le contrescel desdites Présentes ; que l'Exposant se conformera en tout aux Réglemens de la Librairie, & notamment à celui du 10. Avril 1727. & qu'avant de les exposer en vente le Manuscrit qui aura servi de copie à l'impression dudit Ouvrage sera remis, dans le même état où l'Approbation y aura été donnée, ès mains de notre très-cher & féal Chevalier le Sieur Daguesseau, Chancelier de France, Commandeur de nos ordres, & qu'il en sera ensuite remis deux Exemplaires dans notre Bibliotheque publique, un dans celle de notre Château du Louvre, & un dans celle de notredit très-cher & féal Chevalier, le Sieur Daguesseau, Chancelier de France, le tout à peine de nullité des Présentes. Du contenu desquelles vous mandons & enjoignons de faire jouir ledit Exposant & ses ayanscauses pleinement & paisiblement, sans souffrir qu'il leur soit fait aucun trouble ou empéchement. Voulons que la copie desdites Présentes, qui sera impri-

mée tout au long au commencement ou à la fin dudit
Ouvrage, soit tenue pour duement signifiée, & qu'aux
copies collationnées par l'un de nos amés & feaux
Conseillers & Secretaires, foi soit ajoutée comme à
l'Original. Commandons au premier notre Huissier
ou Sergent de faire pour l'exécution d'icelles tous
actes requis & nécessaires, sans demander autre
permission, & nonobstant Clameur de Haro, Charte
Normande & Lettres à ce contraires : CAR tel est
notre plaisir. DONNE' à Paris ce onziéme jour
du mois de Décembre l'an de grace mil sept cens
quarante-quatre, & de notre Regne le vingt-neu-
viéme. *Signé*, LOUIS. *Par le Roi en son Conseil*, SAINSON.

De l'Imprimerie de la Veuve DELATOUR, 1745.

FAUTES A CORRIGER.

Page 37. *ligne* 3. *lisez* inflammable.

Page 42. *ligne* 16. & 17. *lisez* sur laquelle le feu agit.

Page 49. *au Titre*, *lisez* dont on.

Page 50. *ligne* 9. *lisez* suffit pour qu'il.

Page 52. *ligne* 1. *lisez* des baguettes ; a trois.

Page 55. *ligne* 18. *lisez* celles au-dessous, de trente.

Page 59. *ligne derniere*, *lisez* subitement.

Pag. 69. *ligne* 7. *rayez* on.

Page 73. *ligne* 3. *lisez* pour qu'elle ne se mêle pas.

Page 79. *ligne* 13. *lisez* Soleil montant, ou tourbil-billon de feu.

Page 93. *ligne* 22. *lisez* métal.

Page 110. *ligne* 11. & 12. *lisez* afin de pouvoir l'é-trangler, après que la garniture est dedans.

Page 138. *ligne* 26. *lisez* intérieur.

Page 158. *ligne derniere*, entrés, *lisez* faites entrer.

Page 184. *ligne* 22. *lisez* lui donne un mouvement.

Page 195. *ligne* 17. *lisez* pour faire crever.

Page 211. *ligne* 9. *après* au Chapitre 15. *ajoutez ces* mots, Deuxieme Partie, page 116.

Page 216. *ligne* 9. *lisez* pour les jetter.

ESSAY

ESSAY

SUR LES

FEVX D'ARTIFICE

POUR LE SPECTACLE

ET POUR LA GUERRE.

PREMIERE PARTIE.

LA premiere connoiſſance que l'on doive acquerir dans la Pyrotechnie, eſt celle de la préparation des matieres qui compoſent la poudre & les Feux d'Artifice, dont les principales ſont le ſalpêtre, le ſouffre & le charbon, de la qualité deſquelles dépendent leurs bons ou mauvais effets. Je commence par don-

ner les moyens de les préparer bonnes &
de les rendre telles, lorſqu'elles ſe trouvent
défectueuſes.

CHAPITRE PREMIER.

DU SALPÊTRE.

LE Salpêtre ou Nitre eſt un ſel qui s'engendre ou ſe forme ſur la ſuperficie de
la terre. Il n'y a point de mines profondes
de ce ſel, comme il y en a de pluſieurs mi-
neraux. Si l'on fouille la terre au-delà d'un
pied de profondeur, on ne trouve plus la
matrice de ce ſel, ni aucune matiere qui en
ſoit imprégnée, à moins que ce ſel, déjà
formé, n'ait été diſſous depuis par l'eau des
pluies qui s'étant raſſemblées en marres dans
quelque lieu bas & y ayant ſéjourné, ne
lui ayent facilité le moyen de s'inſinuer plus
avant, ce qui n'excede pas cependant 4 à 5
pieds de profondeur. Les Matrices où le Nitre s'engendre, ſont principalement les terres calcaires ou propres à faire la chaux,
les gyps ou plâtres déjà cuits, les terres graſ-
ſes ou d'argile propres à la conſtruction, mais
il faut, pour que le Nitre s'y forme, qu'elles ſoient ſans ceſſe expoſées au contact im-
médiat des particules qui reſtent après une
longue ſuite de générations & deſtructions

de plantes & d'animaux, divifées par l'action
de l'air extérieur. On augmente dans de telles matrices la quantité du *Salpêtre*, en y
répandant les cendres de plufieurs végétaux,
principalement de ceux qui fourniffent beaucoup de fel alcali fixe après leur calcination;
comme auffi en les abreuvant des eaux provenant de la putréfaction des plantes & des
animaux, parce que ces liqueurs font ordinairement onctueufes. Ces fortes de matieres
graffes font fi néceffaires à la génération du
Nitre, que jamais on n'en trouve dans les
terres qui en font totalement dépourvues.
Il n'y a point de lieu qui ne foit propre à la
génération du Nitre, lorfque les principales
matieres dont on vient de parler s'y trouvent raffemblées ; lorfque les terres qui les
reçoivent ne font pas trop compactes ; qu'elles préfentent fuffifamment de pores ; &
qu'elles ne font pas expofées à la pluie qui
puiffe diffoudre & entraîner ce fel à mefure
qu'il fe forme. Les caves, les celliers &
autres lieux bas, expofés cependant à un paffage libre de l'air, en fourniffent en grande
quantité & de très-beau. Il ne faut pas cependant que l'humidité de ces lieux foit trop
grande, parce qu'il ne pourroit y prendre
corps. L'air eft l'agent principal qui combi-
ne enfemble les différentes parties des matieres néceffaires à la formation de ce fel.
Sans fon entremife on n'en pourroit avoir;

A ij

mais nous n'avons point d'expérience qui prouve que l'air contienne un Nitre dejà exiſtant, quoiqu'il ſoit imprégné d'une infinité de matieres étrangeres provenant des vapeurs de la terre.

Quelques Auteurs ſuppoſent un principe inflammable dans le Nitre; mais on ne peut le prouver, puiſque par lui-même il ne brûle point : lorſqu'il s'enflâme & fuſe, c'eſt à l'occaſion de la matiere à laquelle il touche, qui contient le principe d'inflammabilité.

Le Nitre ou Natron des anciens eſt un ſel alcali fixe d'une nature différente des ſels alcalis provenant des cendres des végétaux, il criſtalliſe & contient la baſe du ſel marin, puiſque l'acide du vitriol verſé deſſus en fait un ſel de Glauber ; mais il n'eſt point ici queſtion de cette eſpéce de Nitre.

Il y a différents moyens pour connoître ſi la terre eſt beaucoup chargée de Salpêtre. Premierement, d'en mettre ſur la langue, on ſentira le picotement & le goût de ce ſel, ſi elle en contient abondamment. Un autre eſt d'en jetter dans le feu, ſi elle petille & qu'elle jette de petites étincelles, claires & luiſantes, c'eſt la même marque. Un troiſiéme eſt de faire un trou dans la terre, & d'y jetter un morceau de fer rouge que l'on couvre de terre, juſqu'a ce qu'il ſoit refroidi, après quoi, on le retire, & s'il ſe trouve teint de couleur citrine un peu blanchâtre , c'est encore une preuve que l'on en tirera beaucoup.

On tire le Salpêtre des terres & des matieres qui en contiennent, par le moyen d'une lessive ; mais auparavant il y a une préparation à faire aux matieres : si ce sont des plâtras & démolitions , il faut les broyer & passer à la claye ; si ce sont des terres, il faut les remuer plusieurs fois , & les rendre bien meubles ; plus une terre est remuée, plus le Nitre s'y engendre aisément ; on les tient dans un endroit couvert, crainte que la pluye n'en entraîne les sels , & ouvert au nord & au midy, pour donner lieu à l'air de circuler & d'y en former de nouveaux.

Pour faire cette lessive , arrangez quatre muids défoncés par un bout sur des chantiers à la hauteur de pouvoir mettre un bacquet dessous de grandeur convenable pour recevoir l'eau qui s'égoutera par un trou fait dans le fond de six à huit lignes de diametre ; & pour que la terre ne passe pas par ce trou, mettez au-devant & en-dedans des muids, de la javelle de serment & de la paille , mettez-y ensuite des cendres de bois neuf trois à quatre pouces de haut, puis remplissez vos muids de terre en laissant seulement un peu de place pour vuider l'eau.

Les cendres servent à dégraisser les terres d'une matiere bitumineuse qu'elles contien-

nent : mais il ne faut pas en trop mettre,
une plus grande quantité mangeroit le Salpêtre qui ſe trouveroit abſorbé par le ſel fixe
alcali des cendres.

Vos muids étant ainſi remplis de terre, faites paſſer ſur le premier quinze ſceaux d'eau
d'environ dix pintes chaque, qui étant filtrés
dans le récipient, ſe réduiſent à douze : verſez cette eau à meſure qu'elle tombe ſur le
ſecond muid qui ne produit que neuf ſceaux
que vous jettez pareillement ſur le troiſiéme,
qui n'en rend que ſix, & du troiſiéme ſur le
quatriéme qui n'en rend que trois. Verſez-les
dans une chaudiere & les faites bouillir à
un feu réglé, ayant ſoin d'en bien ôter l'é-
cume, & lorſque cette eau commence à s'é-
paiſſir & qu'en en laiſſant tomber une goute
ſur une aſſiete, elle ſe congelle, comme une
goutte de ſuif, c'eſt une marque que le Salpêtre eſt formé ; retirez alors la chaudiere du
feu & laiſſez repoſer l'eau juſqu'à ce qu'elle
devienne tiede, afin que les impuretés puiſſent tomber au fond ; verſez-là enſuite doucement dans des baſſins de cuivre ou de bois,
(larges & peu profonds) à peu près à la hauteur de quatre pouces, prenant garde que le
ſel commun qui s'eſt formé en grains au fond
de la chaudiere & les ſalletés ne tombent
avec l'eau. Si vous voulez conſerver ce ſel
& qu'il ſoit bien propre, il faut le tirer
avec une écumoire avant que les ſalletés

soient tombées au fond, & le laisser égouter sur la chaudiere dans un panier. Il est aussi bon pour saler les viandes que le sel marin ; mais on sait qu'il est défendu d'en faire usage.

Mettez ces bassins dans un endroit frais, où au bout de quatre à cinq jours vous trouverez le Salpêtre formé en cristaux, faites-les égouter dans un vaisseau de bois & jettez sur les terres l'eau qui en sort, que l'on appelle Eau mere ; ôtez le Salpêtre des bassins, & le serrez dans un endroit sec, jusqu'à ce que vous vouliez le purifier : on le nomme Salpêtre brut, ou de la premiere cuitte.

On purifie le Salpêtre pour le dépouiller, autant qu'il est possible, de son sel fixe & de la partie grasse & bitumineuse qu'il contient, qui se forme en écume lorsqu'il bout dans sa chaudiere ; il y a différentes manieres de le purifier, je vais en raporter deux qui sont les plus usitées.

La premiere consiste à le faire dissoudre dans une quantité d'eau suffisante, & à filtrer cette eau à travers du sablon bien fin & bien lavé ; mettez ce sablon dans un vaisseau percé dans le fond, environ au quart de sa hauteur, ayant auparavant placé une toile au-devant du trou pour l'empêcher de passer, couvrez-le aussi d'une autre toile, & versez l'eau dessus qui se filtrera à travers ;

faites-la enſuite bouillir dans une chaudiere & l'écumez bien, laiſſez-la tarir, juſqu'à ce que venant à s'épaiſſir un peu il paroiſſe une pellicule deſſus, qui eſt une marque qu'il ne reſte pas plus d'humidité qu'il en faut pour tenir le Salpêtre diſſous ; verſez-la enſuite dans des baſſins pour la faire criſtalliſer, comme il a été dit. Cette purification doit être faite encore une fois, la premiere donnera du ſel commun que vous trouverez au fond de la chaudiere ; mais la ſeconde n'en doit point donner ſi la premiere a été bonne.

La ſeconde maniere de purifier le Salpêtre brut, eſt de le faire fondre dans une chaudiere avec autant d'eau qu'il eſt néceſſaire pour le tenir bien diſſous ; lorſqu'elle commence à bien bouillir, jettez dedans des blancs d'œufs à raiſon d'un demi-ſeptier ſur cinquante livres de Salpêtre, ajoutez-y à différentes fois de l'eau pour faire ſurmonter la graiſſe & l'ordure qui s'attacheront aux blancs d'œufs, ayant ſoin d'écumer juſqu'à ce qu'il ne paroiſſe aucune impureté ſur la ſuperficie ; enſuite & ſans attendre qu'il ſoit tari davantage, vuidez-le dans des baſſins, où vous le trouverez congelé au bout de cinq à ſix jours ; les ayant fait égouter, mettez l'eau qui en provient dans une chaudiere pour en tirer le ſel commun, faites-la bouillir juſqu'à ce qu'il ſe produiſe au fond, & l'en ayant tiré, jettez l'eau ſur les terres : le

Salpêtre de cette premiere purification s'appelle Salpêtre de deux eaux , ou de la deu-
xiéme cuitte.

La seconde purification qui produit le Salpêtre en glace, ou de la troisiéme cuitte , qui
est celui dont on se sert pour la composition
de la poudre & des Feux d'Artifice , se fait
de la même maniere, excepté qu'il est inutile de faire bouillir les eaux qui proviennent
de l'égouture des bassins pour en tirer le sel
commun , on n'en trouveroit que fort peu
ou point; on les jette sur les terres avec les
écumes, cela les amande , les bonifie.

Il y a encore deux autres espéces de Salpêtre que la nature nous donne tout formé ,
& qu'il ne s'agit que de purifier, qui sont le
Salpêtre de houssage que l'on trouve attaché
aux murailles des caves , celliers & autres
lieux frais , & celuy que l'on nous aporte
des Indes que l'on amasse sur la superficie des
terres steriles & désertes proche de Pegu.

La bonne qualité du Salpêtre , comme il
a déjà été dit , consiste à être bien dépouillé
de la partie grasse & bitumineuse, de la ter-
restre , du sel commun ou marin , (qui ne
se perd jamais & se retrouve dans les terres)
& de la partie la plus grossiere du sel fixe,
soit mineral ou végétal que les matieres contiennent ; pour en juger il faut prendre un
grain de Salpêtre , le poser sur un morceau
de planche de chêne , ou autre bois non

réſineux & y mettre le feu avec un charbon ; s'il pétille en brûlant, c'eſt une marque qu'il contient du *Sel marin* ; ſi l'on voit un boüillon épais qui empêche la flâme de s'élever, il eſt encore gras, & lorſqu'après qu'il eſt conſumé, il laiſſe une ſorte de craſſe tirant ſur le noir, c'eſt qu'il eſt chargé de matieres terreſtres ; mais s'il jette une flâme blanche qui s'éleve avec ardeur & s'il ſe conſume entierement, enſorte qu'il ne reſte qu'un peu de blanc, qui eſt du *Sel fixe*, on peut s'aſſurer qu'il eſt bien purifié.

CHAPITRE II.

DU SOUFRE.

LE Soufre eſt un Minéral inflammable qui ſe trouve en pluſieurs endroits, & particulierement en *Sicile* & en *Italie* près des Monts *Ethna* & *Veſuve*, qui ne brûlent qu'à cauſe des mines de Soufre qui ſont allumées dans leurs cavités ; c'eſt un corps huileux très - inflammable qui renferme un acide le plus fort de tous & ſemblable à l'acide qui eſt dans le *Vitriol*. Pour le purifier de ſa terre groſſiere, on le fait bouillir dans de l'eau, la chaleur ſépare le Soufre qui ſurnage, & la terre reſte au fond ; on le fait refondre une ſeconde fois ſur le feu & ſans eau, on ôte avec soin toute l'écume & autres impuretés, & on le jette dans des moulles qui le forment en bâtons que l'on appelle Magdalons ; c'est en cet état qu'il nous est apporté & qu'il s'employe pour la Poudre & l'Artifice ; il y en a de trois especes ; sçavoir, les gros Magdalons jaunes, les petits qui font verdâtres, & les gris : le meilleur est le jaune, & le gris ne vaut absolument rien.

Pour connoître si le Soufre est bon, il faut en mettre entre deux terrines vernisées sur le feu, s'il se sublime & s'attache à celle d'en-haut, il est de bonne qualité, autrement il ne faut pas s'en servir. Lorsqu'un paquet de Soufre réduit en poudre crie & fait un certain bruit pour peu qu'on y touche, il est encore bon.

Plus le Soufre est pur, moins il rend de mauvaise odeur, & plus il prend feu subtilement ; il y a deux moyens pour y donner un degré de purification de plus qu'il n'a, comme on l'employe communément. Le premier est de le faire fondre à petit feu, le bien écumer & le passer à travers un linge, toute la crasse qui peut y être, & l'huile y reste attachée ; l'autre, & qui est le meilleur, est de tirer la fleur du Soufre par sublimation : voici comme M. Lemery l'enseigne.

» Mettez environ demie livre de Soufre » grossierement pulverisé dans une Cucur- » bite, placez-la sur un peu de feu à nud,

» & mettez deſſus un pot ou une autre Cucur-
» bite renverſée qui ne ſoit point vernie, en-
» ſorte que le col de l'une entre dans celui
» de l'autre, levez de demie-heure en de-
» mie-heure la Cucurbite ſupérieure, & en
» adaptez une autre en ſa place, ajoutez-y
» de nouveau Soufre, ramaſſez vos fleurs
» que vous trouverez attachées dans la Cu-
» curbite, & continuez ainſi, juſqu'à ce que
» vous en ayez ſuffiſamment ; ôtez alors le
» feu, & laiſſez refroidir les vaiſſeaux, il ne
» ſera reſté au fond qu'un peu de terre legere
» & inutile.

L'Artifice compoſé avec la fleur de Soufre
eſt plus vif & répand moins d'odeur & de
fumée ; mais comme elle eſt fort chere, on en
fait peu d'uſage.

Il eſt bon d'avertir que l'on vend ſouvent
du Soufre en poudre bien tamiſé pour de la
fleur de Soufre, la différence n'eſt pas grande ;
lorſqu'on y fait attention, on trouve le premier un peu plus jaune & plus rude au toucher.

CHAPITRE III.

DU CHARBON.

IL y a beaucoup de choix à faire ſur le
Charbon, qui n'eſt pas également propre
à entrer dans la compoſition de la Poudre &

de l'Artifice ; celui que l'on employe dans presque tous les Moulins à Poudre , & qui est généralement reconnu pour le meilleur , est fait de bois de Bourdaine , que l'on appelle aussi Puvine ou Noir-Prun : on se sert à son défaut , du Saule , de la Coudre , du Tilleul , du Tremble , & autres bois tendres & legers : le Saule est parfaitement bon pour l'Artifice ; il faut le couper dans le mois de May qui est le tems où il s'écorce le mieux , & préférer le branchage qui est plus sain & plus tendre au gros bois. Lorsqu'il est dépouillé de son écorce , on le met sécher au Soleil & on le serre ensuite dans un endroit sec.

La maniere la plus simple pour le réduire en Charbon est de le couper en morceaux de quinze à vingt pouces de long , & de le brûler dans la cheminée , dont on a ôté les cendres & bien nettoyé le foyer ; à mesure que le bois se met en braise bien rouge , ayez soin de la tirer & de l'étouffer dans quelque vaisseau de fer ou de cuivre bien bouché , continuez ainsi jusqu'à ce que le tout soit réduit en braise , vous aurez par ce moyen un Charbon bien cuit & de bonne qualité.

Lorsque vous en voulez faire une grande quantité , faites un trou dans la terre , de la grandeur qui convient pour contenir le bois que vous voulez brûler ; l'ayant arrangé dedans de maniere que l'air y puisse circuler , mettez-y le feu , & dès qu'il vous paroît réduit en braise, couvrez-le & l'étouffez avec la terre qui a été tirée du trou , puis lorsque vous jugerez que le feu est entierement éteint, découvrez le Charbon & le retirez aussi-tôt crainte qu'il ne prenne l'humidité ; ôtez celui qui n'a pas été entierement brûlé ; mettez la bonne braise dans un gros tamis ou panier d'ofier fait exprès ; agitez-la dedans pour en ôter les cendres fines qui la couvrent & le gravier qui peut y être, elle en fort fort noire & bien nette; renfermez-là après dans quelque endroit où l'humidité & la poussiere ne puissent pénétrer.

La braise de Boulanger, lorsqu'elle est faite de bois neuf & leger, est fort bonne , le Charbon de bois flotté est moins bon que d'autres, & celui qui est éteint avec de l'eau ne vaut absolument rien , il conserve tou-jours une certaine humidité très-nuisible pour l'Artifice.

CHAPITRE IV.

DE LA POUDRE.

LA composition de la Poudre n'a pas tou-jours été la même ; on mettoit autrefois les deux tiers de Salpêtre , & l'autre tiers étoit partagé également entre le Soufre & le Charbon; on a diminué peu à peu la dose de ces deux dernieres matieres, & on est venu à les réduire au quart qui se partage également ; ensorte que sur douze livres de Salpêtre on employe deux livres de Soufre & deux livres de Charbon, ce qui fait en tout seize livres, qui est la quantité que contient ordinairement chaque Mortier dans les Moulins à Poudre ; cette composition sert également pour le Canon & le Mousquet, & communément pour la Poudre de Chasse, dont le plus de force qu'elle a, vient de la purification des matieres, & de la fabrication qui n'est pas tout à fait la même.

Les matieres étant préparées, on en remplit les Mortiers du Moulin destiné à cet usage, qui sont creusés dans une piece de bois, où elles sont battues pendant vingt-quatre heures par des Pilons de bois armés de cuivre, qu'une roüe que l'eau fait tourner met en mouvement. On humecte la composition avec de l'eau, premierement en la mettant dans les Mortiers, & ensuite de quatre heures en quatre heures, pendant les douze premieres heures, après quoi, c'est de deux heures en deux heures, il faut être très-exact à rafraîchir la matiere qui s'échauffe par le grand mouvement du Pilon, elle est si chaude, lorsque l'heure s'approche, qu'on ne peut la souffrir dans la main, & qu'elle prendroit feu si l'on tardoit trop à l'humecter ; on la moüille encore pour lier & unir davantage les parties

& pour empêcher les plus subtiles de se dissi-
per.

On prétend aussi que le tems considérable
que l'on employe à piler la Poudre, n'est pas
seulement pour écraser & mélanger les matieres, mais aussi pour y renfermer de l'air,
dont le plus, ou le moins qui s'y trouve comprimé par la pesanteur du Pilon, en rend l'effet plus ou moins violent.

D'autres prétendent au contraire (& leur
sentiment me paroît plus vraisemblable &
conforme à l'expérience) que ce n'est pas l'air
comprimé dans les grains auquel on doit attribuer l'effet de la Poudre; qu'il vient particulierement du mélange exact des trois prin-
cipes, c'est-à-dire, de l'enchaînement & de la
juxta-position du Salpêtre, Soufre & Charbon, de sorte que lorsqu'une éteincelle, que
l'on sait être une bulle d'Acier enflâmée, tombe sur un grain de Poudre, la partie de matiere sur laquelle elle est reçûe est munie à la
fois de Salpêtre, de Soufre & de Charbon
dans la quantité proportionnée au reste du
grain de Poudre : ce que l'experience prouve,
y ayant des peuples, qui font de la Poudre
par la seule ébulition des matieres mélangées
& sans trituration; or l'ébulition seule feroit
évaporer l'air, donc ce n'est pas l'air comprimé des grains qui fait l'Explosion.

Le degré d'humidité qu'il faut donner à la
Poudre lorsqu'on la moüille doit être tel que

la

la matiere ne s'attache point aux doigts en la maniant.

Il faut aussi la changer au bout de douze heures dans des Mortiers que l'on aura laissé vuides à cet effet, & cela pour qu'elle soit mieux mêlée & pilée plus également.

Au bout des vingt-quatre heures on la retire des Mortiers pour la mettre dans le Grainoir, qui est une espece de Crible de peau bien tendue, percé de trous proportionnés à la grosseur dont on veut le grain, qui doit se former en y passant ; on met sur la matiere un rond de bois de dix à douze pouces de diametre sur un pouce d'épaisseur, qui étant agité par le mouvement que l'on donne au Grainoir, force par son poids & son frotement la matiere humide à se mettre en grain.

On repasse ensuite la Poudre dans un Tamis, où le grain encore humide & tendre acheve de se former & de s'arrondir par l'agitation qu'on lui donne, & prend la solidité ; la bonne Poudre reste, & le poussier passe. On appelle poussier la composition fine qui ne s'est point grainée, que l'on reporte dans les Mortiers pour en refaire de la Poudre ; on ne la pile que douze heures, & on y met moins d'eau.

Après que la Poudre est tamisée, on la fait bien sécher, soit au Soleil, si le tems le permet, en l'étendant sur des draps, soit dans une chambre échauffée par un Poële bien revêtu de plâtre & d'une châpe de cuivre ou de tolle par-deſſus, pour que le feu ne puiſſe ſe communiquer au dehors.

Lorſqu'elle eſt bien ſeche, il faut avant de la renfermer dans des Barils la paſſer encore au Tamis pour en ôter le pouſſier qui s'eſt fait en ſéchant.

Pour donner plus de force à la Poudre & la préparer pour la Chaſſe, on ſe ſert de Soufre bien purifié, de Salpêtre que l'on rafine exprès une troiſieme fois, & l'on choiſit le Charbon fait des plus petites branches, qui eſt le plus leger & le meilleur; on bat la compoſition deux heures de plus; on l'humecte d'eau, ou d'urine qui vaut encore mieux, dans laquelle on a délayé gros comme une balle de mouſquet de chaux vive ſur chaque pinte, on l'humecte moins que la Poudre à Canon, & on la graine plus fin.

Après que la Poudre eſt grainée, pour la rendre plus belle & en arrondir le grain, on la met dans le Liſſoir, qui eſt un aſſemblage de tonneaux attachés autour de l'arbre d'une roue que l'eau fait tourner : on la renferme dans ces tonneaux, qui en tournant la remuent de maniere qu'elle devient ronde, luſtrée & d'un grain égal ; il faut à la ſortie de là, la tamiſer une troiſieme fois pour en ôter le pouſ-ſier.

Si l'on veut une Poudre de Chaſſe encore plus violente, on peut, en mettant une moindre quantité de Soufre, donner plus de force à la composition ; le Soufre étant ce qui ralentit l'effet du Salpêtre: mais comme c'est aussi ce qui allume, il faut en mettre assez pour que la Poudre puisse s'enflamer subitement par la moindre étincelle. Pour tenir le milieu qui convient, on diminuera seulement deux onces de Soufre, dont on augmentera le Salpêtre d'autant : ainsi sur douze livres deux onces de Salpêtre, on mettra une livre quatorze onces de Soufre & deux livres de Charbon ; les deux onces de Salpêtre de plus ne feront pas grand effet, mais les deux onces de Soufre de moins sur deux livres, qui font un seizieme, augmenteront la force de la Poudre d'autant.

On peut faire de la Poudre en petite quantité & de plusieurs manieres, soit en pilant les matieres à bras dans un Mortier, soit en les broyant sur un marbre, ou même sur une table de bois bien unie & en les humectant de tems en tems : j'en ai fait une demie livre pour essay qui n'a été broyée que pendant six heures, que j'ai trouvé fort bonne ; le mélange s'est fait plus exactement que dans un Mortier. Il y a encore celle que pratiquent les Paysans de la Podolie & de l'Ukraine qui la font par ébulition ; ils mettent dans un pot de terre les doses de Salpêtre, Soufre & Charbon passés au Tamis de Soye, & les font bouillir dans de l'eau l'espace de trois heures ; lorsqu'elle est tout-à-fait évaporée & que la ma-

tiere devient épaiſſe, ils la retirent du feu & la
mettent dans le Grainoir dès qu'elle eſt refroi-
die; j'en ai fait l'eſſay dans une Eprouvette, elle
a cinq dégrés & demi de force , & la nôtre
ſept & demi. Cette Poudre étant broyée ,
ou pilée pendant une heure en l'humectant
d'Eau-de-vie, & remiſe au Grainoir, acquiert
un degré de plus de force , & eſt preſque
auſſi bonne que la nôtre. Le même Grainoir
forme des grains de différentes groſſeurs, il
ne s'agit que de les paſſer par différents Tamis. Il y a un milieu à tenir pour le grain :
les plus gros préſentent moins de ſurface au
feu, qui ne les conſume pas ſi promptement
que les petits , à cauſe de leur ſolidité &
épaiſſeur ; les petits , qui préſentent plus de
ſurface, ſont plutôt conſumés ; mais auſſi ils
logent moins d'air dans leurs interſtices & le
feu ne s'y inſinue pas ſi promptement que dan
les gros. Le grain moyen, tel qu'on le fabri
que en France pour la Chaſſe, eſt le meilleu
& préférable à celui d'Allemagne, qui eſ
beaucoup plus fin , ce qui eſt très-aiſé à con
noître par le moyen des Eprouvettes. Le Grai
noir dont je me ſuis ſervi pour ces Eſſais e
un crible de peau, comme ceux dans leſquel
on crible le bled, d'un pied & demi de diame
tre & les trous de preſque une ligne , le Rou
leau avoit ſix lignes d'épaiſſeur ſur ſept pou
ces de diametre.

Pour connoître la bonne ou mauvaiſe qua

lité de la Poudre, il faut en verfer un plein
dez fur un papier blanc & bien fec ; on la
touche légerement avec un Charbon : fi elle
prend feu fubitement & s'éleve en l'air en forme de cercle, fans brûler le papier, y laiffant
feulement une tache couleur de gris de per-
le, c'eft une marque qu'elle eft excellente :
mais fi elle eft mauvaife, elle brûlera le papier, parce qu'elle fera lente à prendre feu.
La poudre qui noircit le papier contient trop
de Charbon ; fi la marque eft jaune, c'eft qu'il
y a trop de Soufre, s'il refte des petits grains
après que la Poudre s'eft élevée, & s'ils prennent feu en les touchant avec un Charbon
ardent, c'eft figne que la Poudre a été mal
battue & façonnée au Moulin, que le mélange n'a pas été exact & que le Soufre manque
dans ces grains ; & s'ils ne prennent pas feu,
c'eft figne que le Salpêtre n'a pas été bien ra-
finé.

On a imaginé différentes fortes d'Eprouvettes pour juger de la force de la Poudre :
la plus ordinaire eft une petite roue de fer den-
tée d'un côté & divifée en dégrés, l'autre côté de la roue porte un couvercle qui bouche
un petit Canon pofé perpendiculairement,
qui peut tenir une demi-charge de Piftolet, au bas duquel il y a une lumiere & un
baffinet ; le tout eft monté fur un fût, comme un Piftolet, on peut même y mettre un
Chien & une Batterie. On emplit le Canon de

Poudre & on y met le feu, la force de la Poudre chasse le couvercle qui fait tourner la roue de quelques dégrés. Ceci suffira, je crois, pour donner une idée des Eprouvettes qui sont à peu près les mêmes, quoique de formes différentes, & dont l'effet est de faire enlever à la Poudre quelque chose de pesant ou de retenu par un ressort, pour comparer sa force à d'autre Poudre.

CHAPITRE V.

DU MAGAZIN, DES MATIERES, ET DE *l'Outillage.*

POur travailler avec facilité, il faut avoir tous les outils & matéraux nécessaires, arrangés & bien en ordre dans le lieu que l'on destine à cet usage, que les Artificiers appellent Magazin : ce lieu doit être très-sec pour que l'Artifice puisse s'y conserver.

On évitera soigneusement d'y introduire ni feu ni chandelle : il arrive souvent que l'on se relâche là-dessus, ce qui est d'une dangereuse conséquence ; j'ai vû gens qui dans les commencemens n'auroient pas voulu se servir du moindre outil de fer, qui dans la suite s'étoient si fort familiarisés avec la Poudre, qu'ils travailloient l'Hyver avec du feu &

de la chandelle, & d'autres qui avoient leur
Four dans leur Magazin. Un Four eſt très-
néceſſaire à un Artificier ſurtout en Hyver
pour ſécher le papier collé lorſque l'on veut
tirer promtement l'Artifice que l'on prépare ;
mais ce Four doit être à côté du Magazin &
non pas dedans ; on doit donc être très en
garde du feu, & ne ſe jamais relâcher ſur les
précautions qu'il faut prendre pour éviter les
accidens.

La Poudre ſe tient ordinairement dans des
barils bien bouchés, pour empêcher que l'action de l'air n'y apporte de l'altération en y
dépoſant de l'humidité.

On met le Salpêtre, le Soufre & le Charbon dans des coffres ou boetes bien fermées,
pour que la pouſſiere & l'humidité n'y péné-
trent pas.

Je tiens ordinairement le Salpêtre & les
compoſitions dans de grands Pots de terre
bouchés d'un couvercle de même matiere,
un linge ou du papier entre-deux, & je trouve
qu'elles s'y conſervent bien.

Les matieres ſe pilent dans un Mortier de
bois dur, ou ce qui eſt encore plus commode, Planche 2.
on les écraſe avec une Molette de bois, ou Fig. 1.
un maillet qui peut ſervir au même uſage,
ſur une table de bois de cheſne bien jointe
avec des rebords de trois côtés pour que rien
ne ſe répande.

On ſe ſert d'un morceau de fer-blanc un

peu plus grand qu'une carte à jouer , pour
raſſembler les matieres ſur la table, & on ba-
laye le plus fin avec une patte de Liévre ;
ce morceau de fer-blanc s'appelle Ecremoire
& ſert à prendre les compoſitions dans les
boetes où on les conſerve.

Il faut quatre ou cinq Tamis de différentes
groſſeurs qui s'emboetent dans un tambour
couvert comme ceux des Parfumeurs , tant
pour n'être point incommodé de la pouſſiere,
que pour empêcher le plus ſubtil de ſe perdre.

Premierement, un Tamis de toile de crin
la plus claire, qui eſt comme une eſpece de ca-
nevas, dont les fils laiſſent entr'eux au moins
une demie ligne de diſtance ; ce Tamis ſert à
paſſer le Charbon pour les Fuſées volantes ,
il doit être un peu gros pour laiſſer dans
l'air une plus longue trace de feu & former
une belle queue à la Fuſée ; ce Tamis ſert
encore à mélanger les matieres dont on forme les compoſitions, on les paſſe quatre fois
dedans , & pour lors elles ſont ſuffiſamment
mêlées.

Un autre Tamis de toile de crin moitié
plus fin, qui ſert à paſſer la moyenne limaille & le charbon pour le petit Artifice.

Deux Tamis de ſoye, l'un de la plus fine gaze
d'Italie pour paſſer la Poudre , le Salpêtre &
le Soufre, & l'autre de moyenne groſſeur pour
paſſer la limaille pour les petits Jets ; ce pre-

mier Tamis de foye, doit être comme ceux dont les Parfumeurs se servent pour leur Poudre.

La Poudre pilée & tamisée s'appelle Pulverin ou plus communement pousier, & le Charbon en poudre Aigremore, le Salpêtre & le Soufre ne changent point de nom.

Le Salpêtre est ce qui passe le moins aisément par le Tamis, à cause qu'il conserve toujours une certaine humidité, on le fait sécher dans le Four, ou dans une Poele sur un feu lent, trop de feu le feroit fondre, après quoi on le met facilement en poudre, & il passe bien. On doit toujours avoir de ces matieres tamisées & prêtes à être employées.

La Poudre pilée ou écrasée qui n'a pu passer par le Tamis de soye, s'appelle Relien : on la garde pour en faire les chasses à des Pots-à-feu mêlée avec de l'Aigremore ; comme elle est à moitié écrasée, elle agit moins vivement que la Poudre dont l'effet est trop prompt pour que la garniture puisse bien prendre feu.

La limaille de fer ou d'acier qui sert à composer le feu brillant, se conserve, après l'avoir nettoyée & tamisée, dans des vessies de Porcs pendues à une cheminée, où l'on fait journellement du feu, sans cette précaution elle seroit consommée en peu de jours par la rouille. On la nettoye en la tamisant & en la versant à plusieurs reprises de sa hauteur sur

un papier par terre jufqu'à ce qu'elle paroiffe
bien nette & brillante; l'air, en la verfant ainfi,
en emporte la pouffiere & les ordures légeres
qui y font mêlées : on l'effaye enfuite en en
jettant une pincée fur la flame d'une chandelle, & l'on voit fi elle fait un beau feu.

Pour les gros Jets on préfere les menus
coupeaux de Tourneur en fer qui ont plus de
confiftance que la Limaille & font un plus
gros feu.

L'Artifice dans lequel il entre de la limaille de fer ne peut être confervé que fix à huit
jours au plus, paffé lequel tems le Salpêtre la
convertit en rouille, & plus on diffère de le tirer, plus il perd de fa beauté.

La limaille de cuivre rouge ou jaune fe
conferve plus long-tems, elle rend un feu
clair & y communique un peu de fa couleur,
mais comme elle n'y donne point de brillant,
ou très-peu, on n'en fait gueres ufage.

Le verre pilé n'a d'autre effet, que d'être
chaffé fort haut par la Poudre, lorfqu'on
l'employe un peu gros, à caufe de fon poids;
fon feu eft pâle & ne donne aucun brillant,
on ne s'en fert que dans bien peu de cas.

Le Camphre entre dans quelques compofitions aquatiques pour les rendre plus combuftibles, ou pour donner une couleur blanche au feu : c'eft une réfine entiérement com-
buftible, qui brûle lentement, s'éteint avec
peine quand elle eft allumée, & ne laiffe au-

cune matiere terreftre après que le feu l’a con-
fumée. On le conferve dans une bouteille
bien bouchée pour empêcher la diffipation de
fes parties qui font très volatiles & s’évapo-
reroient fans cette précaution, il diminue même de poids quoique bien bouché : pour le
réduire en poudre on le broye doucement
avec du Soufre.

Le Magazin doit être fourni de bon carton pour faire les cartouches, que l’on appelle du Moulage. On en vend à Paris de particulierement propre à cet ufage qui eft flé-
xible & fort, & prend aifément la colle. Il
y en a de trois épaiffeurs, celui pour les petites Fufées, compofé de deux feuilles de papier gris & d’une feuille de papier blanc, fans
aprêt pour mieux prendre la colle & être plus
maniable ; l’autre efpece eft compofée de cinq
feuilles, & la troifieme de huit : les Artificiers
les nomment cartes en trois, en cinq & en
huit.

Il y a outre cela la carte liffe, qui eft une
autre efpece de carton très-fort & peu fléxi-
ble, dont on fait les marons qui font l’effet
des boetes de métal.

Il faut auffi de trois ou quatre efpeces de
papier ; du gros papier-brouillard pour coler
les jointures & fciffures de l’Artifice, comme Pots & Chapiteaux des Fufées, Porte-feu
& autres ; le grand papier gris & le papier
Bazomme blanc, font employés à faire des

Lances & à beaucoup d'autres ufages.

On aura un affortiment de ficelles & cordes de toutes groffeurs, depuis la plus petite dont on lie les Lardons, jufqu'à la groffeur du petit doigt qui fert à étrangler les pots des groffes Fufées ; celles qui fervent à lier la gorge des cartouches doit être peu cablée ou retorfe, elle en eft plus fouple & lie mieux ; on appelle la ficelle, du Filagore en terme d'Artificier.

Il y a plufieurs autres matieres & outils qui fervent à l'Artifice dont je ne parlerai qu'à l'occafion de l'ufage auquel ils fervent.

CHAPITRE VI.

DE L'ETOUPILLE.

ON fe fert d'Etoupille pour amorcer toutes fortes de Fufées, & pour communiquer le feu d'un endroit à un autre ; elle eft faite de coton filé, on lui donne la groffeur que l'on veut en la mettant en plufieurs doubles.

Ayant préparé vos différentes groffeurs, arrangez-les en rond dans un plat de terre ; tirez-en les bouts hors du plat, crainte qu'ils ne fe mêlent ; verfez de l'Eau-de-Vie dedans, autant qu'il en faut pour que votre coton puiffle s'en bien imbiber ; laissez-le tremper pendant quelques heures ; quand il vous paroîtra en être entierement pénétré , vous prendrez plein votre main de poussier & le passerez dedans au-dessus d'une terrine pour recevoir ce qui tombera ; quand vous l'aurez passé trois fois de la même maniere , votre Etoupille sera faite : mettez-la sécher sur des bâtons dans le Magazin plutôt qu'au grand air qui l'affoiblit ; si vous en voulez de plus subtile , il faut faire tremper le coton dans de l'Esprit de Vin , & employer du poussier de Poudre fine.

La plus commune se fait avec du vinaigre dans lequel on met tremper le coton pendant douze heures.

On fait l'Etoupille autant lente que l'on veut en mêlant plus ou moins de Soufre avec le poussier : le Charbon pourroit bien faire le même effet, mais elle seroit sujette à manquer, ce qu'on n'a point à craindre lorsqu'elle est ralentie avec du Soufre, il suffit alors de tremper le coton dans de l'eau.

Après que l'Etoupille est bien seche, il faut la dévider sur des cartons, chaque espece à part, & la serrer dans une cassette ; il en faut toujours avoir des grosseurs les plus ordinaires.

On fait encore de grosses Etoupilles avec de la composition d'Etoile , que l'on appelle Corde à feu , qui sert à former des Chiffres & autres desseins ; on attache dessus, une

Etoupille prompte de même longueur, &
on cloue la Corde à feu ſur le deſſein avec
de petits cloux d'épingles : en donnant feu
en un endroit il ſe communique partout.

SECONDE PARTIE

Des Fusées volantes & autres Feux qui ont leur effet dans l'air.

CHAPITRE PREMIER.

Des Moules pour charger les Fusées volantes & de l'Outillage qui en dépend.

UN Moule de Fusée volante est un tuyau de bois tourné & orné si l'on veut de moulures, qui sert à soutenir le Cartouche, lorsqu'on le charge, pour l'empêcher de se rider & de crever sous l'effort des coups de maillet, il sert aussi à régler le massif; on en fait présentement peu d'usage, attendu que nos Cartouches, qui sont plus épais que ceux des Anciens, de meilleur carton & collé entiérement, ont la force de se soutenir sans le secours du Moule, & de résister même à un plus grand nombre de coups de maillet qu'ils

Planche premiere, Figure premiere.

n'en donnoient; On évite par-là une grande incommodité, qui eſt celle de ne pouvoir très-ſouvent retirer la Fuſée du Moule qu'avec bien de la peine & en perdant beaucoup de tems. On avoit beſoin d'une grande juſteſſe dans le Moulage des Cartouches ; un peu trop, ou pas aſſés fort, le Moule n'étoit d'aucun uſage, ou il faloit mettre les Cartouches au rebut. On les charge donc tout ſimplement ſur la broche & le maſſif ſe régle avec une baguette ſur laquelle on fait une marque qui en indique la hauteur lorſque tous les Cartouches ſont rognez à égale longueur. Quoiqu'on ne ſe ſerve pas des Moules, il eſt cependant bon d'en avoir de toutes les différentes groſſeurs de Fuſées, pour ſervir de meſure à la longueur & à l'épaiſſeur que l'on doit donner au Cartouche , cette longueur étant la même que celle du Moule, y compris la partie qui eſt au-deſſous de l'étranglement que l'on appelle la gorge.

ARTICLE PREMIER.

Hauteur du Moule.

LA hauteur des Moules doit diminuer à proportion que le diametre intérieur grandit ; la cauſe de cette diminution eſt que la force de la matiere enflamée n'augmente

pas

pas en même raison que les diametres des fusées ; elle ne pourroit pas enlever une grosse fusée, si on lui conservoit la même hauteur qu'à une petite.

On donne neuf diametres de hauteur aux plus petits Moules de fusées jusqu'à celles de six lignes.

Au-dessus de six lignes jusqu'à huit, huit diametres.

Au-dessus de huit lignes jusqu'à dix, sept diametres & demi.

Au-dessus de dix lignes jusqu'à douze, sept diametres.

Au-dessus de douze jusqu'à quinze lignes, six diametres & demi.

Au-dessus de quinze lignes jusqu'à dix-huit, six diametres.

Au-dessus de dix-huit lignes jusqu'à vingt-une, cinq diametres trois quarts.

Au-dessus de vingt-une lignes jusqu'à deux pouces, cinq diametres & demi.

Au-dessus de deux pouces jusqu'à trois, cinq diametres un tiers.

Au-dessus de trois pouces jusqu'à quatre, cinq diametres.

Au-dessus de quatre pouces jusqu'à cinq, quatre diametres deux tiers.

Au-dessus de cinq pouces de diametre jusqu'à six, qui sont les plus grosses fusées que l'on ait faites, on leur donnera quatre diametres un tiers de hauteur.

C

ARTICLE II.

E'paiſſeur du Moule.

Elle eſt arbitraire ; il ſuffit que le Mou-le réſiſte à l'effort des coups de maillet : on proportionne cette épaiſſeur à la force de la matiere dont il eſt fait comme métal, ivoire, buis, & autres bois.

ARTICLE III.

Proportions du Culot.

Pl. 1.
Fig. 2.

LE Culot eſt une baſe ronde qui porte le Moule : on lui donne de largeur, un dia-metre un quart extérieur du Moule, & un diametre de hauteur. Il porte un cilindre de fer dans le milieu qui a de hauteur le dia-metre intérieur du Moule, & les dix-neuf vingtiemes de largeur, afin qu'il puiſſe y entrer aiſément. Il eſt ſurmonté d'une demie boule de fer, qui a de diametre les deux tiers de celui du trou du Moule, & un demi diametre de hauteur : cette demie boule por-te la broche ; elle ſert outre cela à ſoutenir le cartouche lorſqu'on le charge, & à con-ſerver la forme demi-ronde à la partie qui est au-dessous de l'étranglement. Lorsque le cilindre est de fer, ces trois parties font d'une feule piece : on laisse au cilindre une queue quarrée qui entre à force dans le Culot. On peut faire aussi le pied, le cilindre & la demie boule en bois, au milieu de laquelle on place une broche de fer : j'en ai même vu dont le tout, y compris la broche étoit de bois dur ; alors on ne peut pas éviter de se servir du Moule, pour garentir la broche que le moindre coup à faux casseroit.

ARTICLE IV.

Proportions de la Broche.

LA Broche doit avoir dans sa base le tiers du diametre du trou du Moule, & un sixieme à son extrêmité ; sa hauteur doit être, non compris la demie boule d'un diametre moindre que celle du Moule, pour les grosses Fusées jusques & non compris celles de trois pouces.

D'un diametre un quart, jusques & non compris celles de deux pouces.

D'un diametre & demi, jusques & non compris celles de dix-huit lignes.

D'un diametre trois quarts, jusques & non compris celles de quinze lignes.

De deux diametres, jusques & non compris celles de douze lignes.

De deux diametres & demi, jufques & non compris celles de dix lignes.

De trois diametres, jufques & non compris celles de huit lignes.

Et de trois diametres & demi, jufques & non compris celles de cinq lignes & au - deffous, qui n'ont pas befoin d'être percées.

On chargeoit autrefois les Fufées toutes maffives, & après les avoir fermées par un étranglement, on les perçoit avec une broche au bout d'un vilbrequin. Cette méthode ne convient point à nos Fufées, dont la compofition eft trop refoulée pour être percée, & le cartouche trop dur pour être étranglé après qu'il eft chargé.

Tant que cette pratique a été en ufage, on a ignoré la maniere dont il faut charger les Fufées pour les conferver bonnes, dont le fecret ne confifte qu'à employer la compofition bien feche , & à la refouler deux fois plus que les anciens ne faifoient, afin de pouvoir y faire pénétrer la broche ; ils étoient même contraints de mouiller la compofition pour ralentir le feu , qui trouvant à pénétrer dans une matiere peu comprimée, auroit crévé le cartouche fans cette précaution ; ainfi ils ne pouvoient les garder qu'auffi long-tems quelles confervoient le même dégré d'humidité.

Le trou de la broche eft appellé l'ame de la Fufée, parce qu'effectivement c'eft ce trou

qui l'anime & la fait monter, en préfentant
au feu une plus grande furface de matiere
inflamable, qui en augmente l'action, & rend
la dilatation de l'air qu'il contient plus violente, d'où il s'enfuit une plus forte preffion
de l'air extérieur qui la force à monter.

Les proportions de la broche doivent toujours être rélatives à l'épaiffeur du cartouche, & à la force de la compofition ; ces
trois chofes doivent former entr'elles un exact
équilibre ou compenfation de forces, tel qu'il
fe trouve dans celles que je donne qui font
les plus fuivies ; mais je fuppofe qu'il vînt à
manquer par la difproportion de l'une de
ces chofes, on peut le rétablir en ôtant ou
en ajoûtant aux deux autres. Qu'une broche
par exemple foit trop groffe , & que l'on
veuille s'en fervir faute d'une plus convenable, il ne s'agit que d'affoiblir la compofition pour contrebalancer la raréfaction d'une
plus grande quantité d'air contenu dans le
vuide de la Fufée ; fi la broche eft trop petite,
il faut augmenter la force de la compofition
& l'épaiffeur du cartouche , comme on fait
pour une Fufée chargée en brillant ; & ainfi
du refte.

c✳✳ɔ

C iij

ARTICLE. V.

De la Baguette à rouler le Cartouche.

Pl. 1.
Fig. 3.
ON donne à la Baguette à rouler, les deux tiers du diametre du trou du Moule, le tiers qui reſte eſt occupé par le cartouche qui a un ſixieme d'épaiſſeur.

ARTICLE. VI.

Des Baguettes à charger.

Pl. 1.
Fig. 4. 5
& 6.
LEs Baguettes à charger doivent être un peu moins groſſes que celles à rouler, afin d'entrer plus facilement dans le cartouche lorſque l'on charge ; il ſeroit très-fatiguant s'il falloit l'entrer & la ſortir à force,& cela pourroit gâter l'intérieur du cartouche. Il en faut au moins trois : la premiere eſt percée de la longueur de la broche, la ſeconde juſqu'aux deux tiers, & la troiſieme au tiers.

Pl. 1.
Fig. 8.
Le Maſſif eſt une baguette fort courte qui ſert à charger la compoſition, qui excede la broche que l'on appelle auſſi le Maſſif, parce qu'elle n'eſt point percée , ni cette baguette par conſéquent.

On se sert d'une cinquieme baguette pour rendoubler le carton sur le Massif, dont le diametre est plus grand que celui des autres, afin qu'elle puisse prendre la partie rendoublée du cartouche, qui est environ la moitié de son épaisseur.

Pl. 1.
Fig. 8.

ARTICLE. VII.

De la Cuilliere à charger.

Elle doit être de grandeur à contenir autant de composition qu'il en faut pour remplir la hauteur d'un demi diametre extérieur de la Fusée, étant refoulée ; on la fait ordinairement de cuivre ou de fer blanc. La Figure 10. Planche 1. représente la forme qu'elle doit avoir, son diametre est celui de l'intérieur du cartouche : les Artificiers l'appellent *Cornée* ; on peut se servir pour les petites Fusées d'une carte à jouer coupée en houlette.

ARTICLE. VIII.

Du Maillet.

Le Maillet dont on charge les Fusées a aussi ses proportions : le diametre de son cilindre doit être de deux diametres trois

Pl. 1.
Fig. 9.

quarts du trou du Moule, ſa longueur de trois diametres un tiers , & ſon manche de cinq diametres & demi , non compris la partie qui entre dans le cilindre ; on le ſupoſe de bois ordinaire, comme frêne , chêne , ou noyer ; s'il étoit d'un bois plus lourd , il faudroit proportionner la groſſeur à la péſanteur.

ARTICLE. IX.

Des noms des Moules & Fuſées.

ON nomme les Moules, & les Fuſées qui y ſont chargées, par la grandeur de leur diametre : ainſi on dit , un Moule & une Fuſée de trois pouces , parce que c'eſt la meſure du diametre intérieur de l'un , & du diametre extérieur de l'autre ; il y en a cependant quelques-unes qui ont des noms particuliers dont je vais faire mention.

On les nomme par lignes juſqu'au petit partement qui en a huit, le partement en a dix, la Marquiſe douze, la double Marquiſe quatorze, les Fuſées de trois douzaines ſeize, (on les nomme ainſi parce qu'elles peuvent porter trois douzaines de petits lardons, appellées vétilles, pour garniture), les quatre douzaines dix-huit lignes, les cinq douzaines vingt-une, celles d'après ſont les Fuſées de deux, trois, quatre pouces, &c.

Un Auteur qui a écrit au commencement de ce siecle prétend qu'on doit nommer les Fusées par la pésanteur d'une balle de plomb, qui peut entrer juste dans le trou du Moule, ensorte que si la balle est de quatre onces, ce doit être un Moule ou une Fusée de quatre onces ; il entre à ce sujet dans un grand détail , & donne plusieurs regles pour trouver combien péseroit une balle de plomb qui entreroit juste dans un calibre de tant de lignes ou de pouces de diametre , & tout cela pour trouver un nom à la Fusée. N'est-il pas plus simple de dire une Fusée de tant de lignes, que de tant d'onces qu'il faut chercher par des calculs, qui est une dénomination fausse, & qui induit à penser qu'elle doit les péser ? Cette pratique ne s'est point introduite ; elle n'auroit servi qu'à embarrasser ceux qui ignorent les regles de calibre , & à donner très-inutilement de l'occupation à ceux qui les savent.

CHAPITRE. II.

DES CARTOUCHES.

L'E'paisseur que l'on donne aux Cartouches en général est un sixieme du diametre du trou du Moule, ou le quart de celui de la baguette à rouler. Ce n'est pas une

Pl. 1.
Fig. 11.

des moindres parties de notre art , que de
favoir former habilement & proprement de
bon moulage qui puiſſe loger le feu , & le
contenir dans les bornes qu’on veut lui preſ-
crire ; il arrive très-ſouvent que l’Artifice
manque, parce que les Cartouches n’ont pas
été bien faits. Un Cartouche n’a de force
qu’autant que les couches de carton ſe touchent immédiatement , ce qui dépend de le
rouler ferme & droit , autrement il y reſtera
quelque vuide ou chambre , par où le feu ſe
fera jour , & la Fuſée crévera ou gravera
pour le moins : une Fuſée grave lorſque le
Cartouche trop fort pour créver , a cependant quelque petit vuide dans la premiere
ou ſeconde couche intérieure , ſur laquelle le
agit peu à peu & la perce ; la Fuſée ceſſe de
monter dès qu’il s’eſt fait jour : ainſi lorſque
l’on voit une Fuſée qui ne monte qu’au tiers
ou aux deux tiers de ſa hauteur, c’eſt qu’elle a
gravé , & ſi l’on en ramaſſe le Cartouche, on
le trouvera percé , & même quelquefois de
pluſieurs trous.

Le moulage eſt ordinairement ce qui dé-
goûte & rebute le plus ceux qui s’eſſayent à
l’Artifice. Il eſt vrai que l’on n’y réuſſit pas
du premier coup, il faut de l’habitude pour
bien mouler ; mais cela s’acquiert en peu de
tems. Voici la façon d’opérer la plus généra-
le & la meilleure , je donne pour exemple
un cartouche de double Marquiſe.

Je prens une feuille de *carte en trois* & la coupe par la moitié dans sa largeur, j'appelle ces moitiés, l'une A, & l'autre B, pour rendre la chose plus intelligible.

Ce carton est gris d'un coté, & blanc de l'autre, ainsi il est inutile d'y donner d'autres noms.

J'appelle les extrêmités de la longueur de la premiere moitié C, & D; & les extrêmités de la seconde E, & F.

Ayant posé sur une table le carton A, bien droit devant moi, l'extrêmité C de mon côté, le gris dessus & le blanc dessous, qui doit se trouver en dehors du Cartouche pour la propreté, je pose ma baguette environ au quart du carton, je renverse & replie le bout C par dessus la baguette, & je vois si cette partie est bien droite sur l'autre : je fais joindre le carton sur la baguette pour qu'elle ne se dérange point pendant que je collerai, après quoi je colle mon carton, tant la partie repliée qui est blanche, qui en fait environ le quart, que les deux quarts de gris.

Je ramene ensuite la baguette à l'extrêmité C, qui se trouve collée par dessous & point en dessus, (cela se fait pour que tout le carton soit collé, sans cependant que la baguette soit mouillée de colle) je roule un tour ou deux de carton en le faisant bien joindre partout, je colle la partie qui étoit cachée par le carton replié, après quoi je continue

de rouler jufqu'à un pouce ou deux de l'extrêmité D, fur laquelle je pofe la partie E
de la feconde feuille B, que j'y ajoûte, dont
j'ai trempé dans l'eau le bord F, d'environ
trois doigts qui termine le Cartouche : ce
mouillage fert à ôter le reffort du carton afin
qu'il joigne mieux, & pour empêcher qu'il
ne fe décolle en féchant, ce qui arriveroit
fans cette précaution. Lorfque cette feconde feuille eft roulée le Cartouche eft formé ;
comme il eft fort humide & tendre, on le
prend avec un linge pour le retirer de deffus la baguette, autrement il s'attacheroit aux
mains & pourroit fe gâter ; fupofé que quelque chofe déborde à chaque bout, il faut le
rogner avec de grands cizeaux à cet ufage,
étant plus aifé à couper pour lors, que quand
il eft fec.

S'il arrive que la baguette fe mouille de
colle, il faut la bien effuyer, & la froter de
favon, autrement on ne pourroit la retirer
du Cartouche.

Lorfque le carton ne fe roule pas droit, il
faut, dès que l'on s'en aperçoit, le dérouler,
y remettre un peu de colle & redreffer la baguette : il faut auffi le rouler le plus ferme
que l'on peut, afin que les couches de carton
fe touchent, les deux mains doivent agir &
appuyer également, c'eft le moyen d'aller
droit ; on ne doit pas le rouler d'un feul tems,
mais par reprifes en retirant le carton à foi

chaque fois pour être mieux dans sa force ; il faut de l'habitude à cela , mais elle s'acquiert en peu de temps , on moule aisément vingt douzaines de doubles Marquises dans un jour.

La *carte en trois* sert pour les petites Fusées jusques & compris la double Marquise.

La *carte en cinq* jusques & compris les Fusées de trois pouces.

Et la *carte en huit* pour celles d'au-dessus.

Tout Moulage de carton doit être fait comme il vient d'être dit ; celui en carte pour les Lardons , & celui en papier pour les Lances à feu est un peu différent.

Les Lardons & Serpentaux qui servent à garnir les Fusées & Pots à feu , se font d'une, de deux , ou de trois cartes à jouer, suivant la grosseur qu'on veut leur donner ; ces cartes ne se collent point , mais il faut les mouiller & les employer à moitié seches , elles en font plus flexibles & se roulent mieux : on commence par en rouler une , on y en ajoûte une autre , puis une troisieme , & on les termine par un morceau de papier gris qui est la trente-deuxieme partie d'une feuille, dont le bord est collé ; il est un peu trop court pour couvrir la Fusée d'un bout à l'autre , mais aussi un seizieme seroit trop grand , il n'y a que le corps de la Fusée de couvert , les deux étranglemens ne le sont point , & cela suffit.

On colle plusieurs de ces papiers d'un seul coup de brosse en les arrangeant sur une table , & les faifant déborder d'un pouce les uns fur les autres.

Les cartouches de Lances à feu font faits (fuivant la longueur qu'on veut leur donner) d'une demie feuille ou d'un quarré de papier gris ou Bazomme roulés dans leur largeur ; mais comme il feroit très-difficile de bien faire joindre le papier fur la baguette , il faut s'y prendre ainfi, & c'eft l'unique façon de les bien faire ; ayant pofé la baguette à rouler fur le papier environ au tiers de fa largeur , ren-verfez ce tiers deffus de la même maniere que pour le Moulage en carton , faites-le bien joindre fur la baguette, & roulez un tour (au lieu que pour les Cartouches des Fufées on ramene la baguette à l'extrêmité) ; après quoi collez tout le papier & achevez de les rouler; il faut attendre qu'ils foient entierement fecs pour les étrangler ; les Porte-feux fe moûlent de même.

La colle que l'on employe pour le Mou-lage fe fait de fleur de farine de froment dé-trempée & bouillie dans de l'eau ; il faut qu'elle foit claire & s'étende facilement ; on fe fert de broffes pour l'employer.

CHAPITRE III.

DE L'E'TRANGLEMENT
DES CARTOUCHES.

IL ne faut pas attendre que les Cartouches foient entierement fecs pour les étrangler, ils donneroient beaucoup de peine & cela feroit même impoffible pour peu qu'ils fuffent gros, il n'y a pas moyen d'entreprendre de les ramolir, ils s'étrangleroient mal & feroient un mauvais effet.

Ayez de bonne ficelle retorfe, mais point trop, elle feroit caffante ; qu'elle foit de groffeur proportionnée au Cartouche : attachez-en un bout à quelque chofe de fixe & de bien fort, comme un gond ou piton fcellé dans le mur, ou entré à vis dans du bois ; attachez-en l'autre bout au milieu d'un bâton que vous vous pafferez entre les cuiffes, ou à une fangle dont vous vous ferez une ceinture ; frottez votre ficelle ou filagore de Savon, crainte que le Cartouche un peu humide ne s'y attache & ne fe déchire dans l'étranglement. L'ayant pofé deffus, prenez la partie du filagore qui eft entre le Cartouche & vous, faites-en deux tours deffus, bien jufte dans l'endroit que vous voulez étrangler, qui eft à un demi diametre extérieur de fon extrêmité , dans laquelle partie ayant enfoncé une baguette que vous tenez de la main droite , & le Cartouche de la main gauche, ferrez la ficelle en jettant le corps en arriere , & tournez le Cartouche à chaque fois pour en bien arrondir l'étranglement, jufqu'à ce qu'il ne refte qu'un trou à pouvoir paffer la broche avec peine, pour lors il eft fuffifamment étranglé.

On peut fe fervir fi l'on veut de deux baguettes , une dans le corps du cartouche & l'autre dans la gorge ; l'opération en eft un peu plus longue , mais elle eft meilleure, le carton fait moins de plis & s'étrangle plus rondement.

Quand on a étranglé un certain nombre de Fufées, il ne faut pas différer à les lier , crainte que l'étranglement ne fe relâche.

Pl. 1. Il y a un nœud particulier dont on les lie
Fig. 14. qui s'appelle le nœud de l'Artificier qui eft très-commode & lie bien, il ne s'agit que de paffer trois boucles dans la gorge de la Fufée en ferrant chaque fois & fans faire de nœud : on attache ainfi tous les Cartouches enfemble, après quoi on prend le premier attaché & le dernier, & on les tire avec force , ce qui fait ferrer la ligature de tous ; on les refferre encore avant de les féparer pour les charger. Les pots des Fufées , & les baguettes fe lient de même , & prefque tout ce qui doit être lié dans l'Artifice.

CHAPITRE

CHAPITRE IV.

DES COMPOSITIONS DONT
O CHARGE LES FUSÉES VOLANTES.

ON penfoit il n'y a pas encore bien long-
tems qu'il étoit néceffaire d'affoiblir la
compofition à proportion que l'on augmen-
toit le diametre des Fufées; cet ufage étoit
fondé fur la force que la matiere enflamée
acquiert par l'augmentation de fon volume,
& fuivant ce principe il faloit avoir une compofition particuliere pour chaque gradation
de Fufées, ce qui devoit être fort incommode.
Nous opérons aujourd'hui d'une façon beaucoup plus fimple, une feule compofition de
chaque efpece de feu fuffit pour toutes. Nous
ne conteftons pas cette augmentation de force; mais en donnant aux cartouches un fixieme
du diametre du Moule d'épaiffeur, nous les
mettons en état de réfifter, quelque grand que
foit leur diametre, à la même compofition
qui a la force d'enlever une petite Fufée, &
bien loin de l'affoiblir, nous trouvons cette
augmentation de force d'autant plus néceffaire
qu'elle ne feroit pas même fuffifante pour enlever une groffe Fufée, fi fa hauteur étoit dans
les mêmes proportions que celle d'une petite:

D

on eſt contraint d'en diminuer la hauteur, &
même quelquefois d'ajoûter du pouſſier à la
compoſition pour les Fuſées de trois pouces &
au-deſſus, qui ſans cela ſeroient pareſſeuſes ſur-
tout en Hyver, où le Salpêtre a moins de force
étant plus chargé d'humidité; car quelque attention que l'on ait à l'employer bien ſec, le
ſeul tems de mêler les matieres & de charger
les Fuſées ſuffit, pour qu'il reprenne de l'humidité lorſque l'air en eſt chargé.

Il s'enſuit de-là que les petites Fuſées doivent être chargées de la compoſition la plus
forte, à cauſe du peu de ſurface qu'elles préſentent au feu, ſans quoi elles brûleroient lentement ſans s'élever, & que les groſſes peuvent
l'être auſſi en y proportionnant le cartouche
& la broche.

Les compoſitions ci-après tiennent un milieu entre les plus fortes & les plus foibles,
elles conviennent également pour toutes les
différentes groſſeurs de Fuſées, ſuivant les
proportions que j'en ai données juſques &
compris le partement.

Compoſitions de Fuſées volantes.

	Livre.	once.	gr.
Salpêtre.	1.	0.	0.
Aigremore. . . .	0.	7.	4.
Soufre.	0.	4.	0.

Autre plus vive.

	Liv.	onc.	gros.
Salpêtre.	1.	1.	0.
Aigremore.	0.	8.	0.
Soufre.	0.	3.	0.

En Hyver celle-ci ne sera point trop forte.

	Liv.	onc.	gros.
Salpêtre.	1.	4.	0.
Aigremore.	0.	8.	0.
Soufre.	0.	2.	0.

Autre, dont on se sert faute de Salpêtre, appellée feu-commun.

	Liv.	onc.	gros.
Pouſſier.	1.	0.	0.
Charbon.	0.	4.	0.

Les Fuſées au-deſſous du partement ſe chargent de la compoſition des Lardons. Les petites Fuſilletes de cinq lignes & au-deſſous, qui n'ont pas beſoin d'être percées, ſe peuvent charger tout ſimplement de pouſſier ; mais le feu en eſt plus beau lorſqu'on y ajoûte une once & demie de Charbon à la livre : on les charge ſur un culot qui ne porte point de broche ; ſi elles étoient percées, elles monteroient ſi rapidement, vû leur légereté & la force de la compoſition, qu'on auroit peine à les voir ; ces Fuſées ne ſont autre choſe que des Lardons aufquels on attache des baguettes à trois lignes, & au-deſſous, on fait le cartouche de papier & on les charge dans un Moule.

Ces petites Fuſées ſervent pour des Feux d'Artifice en petit ; on peut même les réduire dans un aſſez petit volume à pouvoir les tirer dans une Salle.

Les matieres des compoſitions ci - deſſus étant peſées, il faut les mettre dans le gros Tamis de crin & les y paſſer quatre fois, pour les bien mêler & incorporer, après quoi la compoſition eſt faite & prête à être employée.

CHAPITRE V.

COMMENT ON CHARGE
LES FUSE'ES VOLANTES.

IL faut premierement rogner le cartouche à la hauteur du Moule, puis frotter la broche de Savon pour qu'elle puiſſe entrer plus facilement dans le trou de l'étranglement, qui eſt un peu plus petit que la partie la plus groſſe de la broche, afin qu'en y entrant un peu à force elle le forme bien en rond; lorſque les cartouches ſont un peu gros, on ſe ſert d'une ſcie pour les rogner.

Ayant mis votre cartouche ſur la broche, prenez un bout de corde, faites-en deux tours, & le nouez dans l'étranglement, pour en con-

ferver la forme & foutenir le cartouche que
les coups de maillet affaifferoient & affoibli-
roient dans cette partie qui graveroit; & quoiqu'il y ait une corde, la même chofe arriveroit fi on refouloit la compofition plus fort
qu'il ne convient.

Placez votre culot fur un billot bien
uni & folide, fur lequel vous étendez une
grande feuille de papier pour recevoir la compofition qui peut fe répandre.

Mettez la premiere baguette à charger dans
le cartouche vuide, & frappez deffus dix ou
douze coups pour en unir le fond & aplanir les
plis de l'étranglement, qui, s'ils reftoient,
pourroient occafionner quelque vuide, où
l'air venant à fe dilater feroit crever ou graver
le cartouche.

Verfez enfuite une cornée de compofition,
frappez quelques petits coups avec la baguette contre le cartouche pour faire tomber ce
qui s'y eft attaché, introduifez doucement
votre baguette & appuyez-la ferme fur la
compofition, frappez dix ou douze petits
coups de maillet pour l'affeoir, & de tems en
tems retirez un peu la baguette & la frappez
pour faire tomber la compofition qui a pu entrer dans fa cavité, après quoi pour les doubles
Marquifes frappez quarante coups égaux non
compris les douze, & ayant retiré votre baguette faites-en fortir la compofition en frappant contre avec une autre baguette, fans

quoi elle s'engorgeroit & risqueroit de se fendre à la seconde charge : on juge qu'elle est
vuide au son qu'elle rend.

Remuez de tems en tems avec la cornée
la composition dans la sebille pour mêler les
matieres que l'ébranlement des coups de maillet sépareroit, le Soufre qui est le plus lourd
iroit au fond & le Charbon viendroit dessus,
c'est pourquoi il faut éviter de la tenir sur le
billot, afin que l'ébranlement soit moins
grand ; par cette raison les compositions gardées long-tems doivent être repassées par le
gros tamis lorsque l'on veut les employer.

L'opération de la seconde & troisiéme baguette se fait de même, si ce n'est qu'à chaque
changement de baguette, on diminue de cinq
le nombre des coups, ainsi la seconde ne se
frappe que de trente-cinq coups, & la troisieme que de trente, non compris les dix ou
douze petits coups pour asseoir la composition : le massif ne doit être frappé que de
vingt coups. La raison de cette diminution est,
que la matiere, qui augmente de volume à mesure que la broche diminue, présente plus d'a-
liment & de résistance à une moindre quantité
de feu & d'air dilaté.

On charge trois fois de chaque baguette,
lorsqu'il n'y en a que trois ; & quand il y en
a quatre, on charge trois fois de la premiere,
& deux des trois autres ; si cela ne suffit pas,
on se sert une fois de plus de l'une des ba-

guettes. Une Fusée doit être chargée en onze
ou douze charges, neuf à dix pour couvrir la
broche, & deux pour le massif: on sent avec le
doigt quand la broche est presque couverte, &
pour lors on se sert de la baguette à charger
le massif. On doit avoir grande attention à
n'en donner que juste ce qu'il en faut pour le
bel effet de la Fusée; car si on en donne trop,
la Fusée ne jette la garniture qu'en retombant,
& si on n'en donne pas assés, la Fusée défonce,
c'est-à-dire que le massif, qui n'a pas assés d'é-
paisseur pour résister à l'effort du feu, lui cede
& est aussi-tôt consumé, la chasse prend feu,
& jette la garniture avant que la Fusée soit
montée.

Les Fusées au-dessus des doubles Marquises se chargent de cinquante coups avec la
premiere baguette, celles au-dessous de trente
coups, & des autres baguettes à proportion,
en diminuant de cinq, comme il a été dit.

Les Fusées de trois pouces & au-dessus doivent être chargées sous un mouton, n'y ayant
point d'homme assez fort pour remuer long-
tems un maillet d'une grosseur proportionnée.

Le massif étant chargé à la hauteur convenable, ce qui se connoît, comme il a déjà
été dit, lorsque la composition est à la hauteur
du Moule, ou si l'on ne s'en sert point, on le
connoît par la baguette à charger le massif, à
laquelle on fait une marque qui en regle la
hauteur, lorsqu'on a rogné tous les cartouches
à la même longueur.   D iiij

La mesure ordinaire pour les Fusées qui tiennent le milieu entre les grosses & les petites, est un diametre ; les proportions des broches en reglent la hauteur pour toutes les différentes grosseurs de Fusées.

Mettez sur votre massif un tampon de papier chiffonné & le frappez d'une douzaine de coups, prenez ensuite un poinçon dont la pointe soit un peu émoussée, & servez-vous-en pour dédoubler la partie du cartouche qui est restée vuide au-dessus du Moule ou du massif ; l'ayant donc dédoublée jusqu'à la moitié de son épaisseur , repliez-la sur le tampon de papier & la frappez d'une vingtaine de coups de maillet en posant dessus la baguette à rendoubler le carton , après quoi sans ôter la Fusée de dessus la broche , percez-la dans le carton rendoublé , depuis un jusqu'à quatre trous, suivant qu'elle est grosse avec un poinçon à arrêt en le frappant avec un maillet ; l'arrêt est pour l'empêcher de pénétrer plus avant qu'il ne faut, il ne doit percer que le carton, le tampon, & une ligne ou deux de composition ; s'il pénétroit plus avant, cela affoibliroit le massif, qui donneroit trop tôt feu à la garniture ; la Fusée étant en cet état retirez-la de dessus la broche, déliez la corde qui conservoit l'étranglement , & essuyez-la bien ; elle doit être aussi blanche extérieurement qu'avant d'être chargée , pour peu que vous y ayez fait attention ; c'est une propreté qui

Pl. 1.
Fig. 18.

Pl. 1.
Fig. 15.

fait plaisir & dont tous les gens de l'art se piquent.

Rognez ensuite ce qui excede le carton rendoublé, votre Fusée alors est en état d'être garnie, ou si vous voulez la garder quelque tems telle qu'elle est, il faut coller un rond de papier sur le bout d'en bas, pour empêcher que l'air n'agisse sur la composition, ce qui s'appelle bonneter une Fusée; il n'est pas mal aussi de la bonneter sur le massif, tant à cause de l'humidité, que crainte qu'une étincelle de feu n'y pénetre.

On sent assez que le rendoublement du carton sert à maintenir la composition dans le cartouche contre l'effort du feu qui se feroit jour par-là, s'il n'y trouvoit une résistance proportionnée à sa force, & que les trous que l'on y fait servent à donner feu à la chasse, lorsque le massif est presque consumé.

CHAPITRE VI.

DU POT, CHAPITEAU, ET GARNITURE
DES FUSE'ES VOLANTES.

LE Pot doit être fait du même Carton que la Fusée & roulé sur un Cilindre de bois, que l'on appelle le Moule à former le Pot, repréſenté Planche 1. Fig. 1·2. On lui donne d’épaiſſeur pour les doubles Marquiſes & au deſſous, trois tours de carton, & à celle de ſeize lignes de diametre & au deſſus, deux tours ſeulement ; parce que le carton eſt plus épais. Il faut que la partie A, ſur laquelle on l’étrangle, ſoit un peu moins groſſe que la Fuſée, attendu que l’étranglement ſe relâche toujours & que la Fuſée doit y entrer juſte.

On réſervera toujours le côté le plus uni pour porter le Chapiteau : s’il s’en trouve qui ne ſoient pas bien droits, ſoit parce qu’ils auront été mal roulés, ou parce que le carton ſera défectueux, il faut les rogner ſur le Moule même, en faiſant déborder la partie qu’on veut retrancher.

Le diametre du Pot doit être d’un diametre & trois quarts de celui de la Fuſée pris extérieurement, & ſa hauteur de deux diametres ; on obſervera que pour les Fuſées de quinze lignes juſques & compris le partement, on peut leur donner la hauteur des Lardons ordinaires faits de cartes à jouer, que ces Fuſées peuvent porter pour garnitures. Et comme les paquets d’étoiles ſont beaucoup moins hauts, on réduira le Pot à la proportion ci-deſſus lorſque les Fuſées en ſeront garnies.

Pl. 1.
Fig. 17. Le Pot étant étranglé à ladite meſure, rognez-le bien droit par en bas, en réſervant de quoi le lier commodément, comme un demi

diametre de la Fusée, ou à-peu-près ; trempez dans l'eau cette partie qui doit être liée pour la rendre plus flexible & l'attacher plus ferme sur la Fusée ; faites-la entrer dedans jusqu'au défaut de l'étranglement , ensorte qu'elle n'excede point le fond du Pot , après quoi liez-le bien ferme , & à plusieurs tours, du nœud de l'Artificier ; collez ensuite une bande de papier brouillard par-dessus pour cacher la ligature , & empêcher qu'elle ne ne se relâche , puis versez dans le Pot une cornée de la composition des Lardons ou des Chasses des Pots à feu , ou même tout simplement de celle dont on a chargé la Fusée , c'est ce qui s'appelle la chasse qui sert à jetter la garniture ; placez vos Lardons ou Serpentaux dessus autant qu'il en peut tenir dans le Pot, en observant toutefois, que la garniture n'excede pas en pésanteur le corps de la Fusée ; une Fusée de quatre onces n'en doit pas péser plus de huit lorsqu'elle est garnie, & ainsi des autres. Faites entrer quelques petits tampons de papier chifonné dans les interstices des Lardons, pour les maintenir stables , & empêcher qu'ils ne se dérangent. Fermez le Pot avec un rond de papier gris ou brouillard, que vous collez dessus; c'est à peu près la même chose pour les étoilles, elles sont à paquets de six, il faut les passer dans du poussier pour qu'elles prennent feu plus subtilement , & les placer tous

droits fur la chaffe, puis mettre par deffu
un bon tampon de papier chifonné, qui tien
ne le tout en état, & fermer le Pot com
me il vient d'être dit.

La bande de papier collé fur la ligatur
du Pot doit être mouillée de colle des deu
côtés, cela rend le papier plus maniable, &
fait que les plis ne paroiffent point ; on ob
fervera la même chofe pour tout le papie
que l'on employera à couvrir les fciffures, o
jointures des Fufées, ou Porte-feux.

Pl. 1. Le Chapiteau eft, ce qui termine la Fuf
Fig. 16. en forme de cône , il eft fait d'un fimp
carton pareil à celui du Pot. Pour lui dor
ner la grandeur qui convient, tracez fur c
carton un rond au compas, dont l'ouvertu
doit être d'un diametre un tiers du Pot , c
vifez ce rond en deux, chaque moitié vo
donne dequoi former un Chapiteau ; prene
en une, & la mouillez pour en ôter le rc
fort, collez le bord de la partie diamétral
tant deffus que deffous , contournez-la er
fuite en forme de cornet , & faites bi
joindre les extrêmités du carton l'une f
l'autre, depuis la pointe jufqu'en bas ; alc
votre Chapiteau eft formé : après qu'il eft bi
fec, donnez des coups de cifeaux dans
partie qui doit être collée fur le Pot, à
diftance d'un doigt l'un de l'autre, pour qu'
le joigne mieux, & ne faffe point de pl
mouillez-la, pour la rendre plus fouple

la coller tant en dedans qu'en dehors, puis placez votre Chapiteau bien droit fur le Pot, & collez fur la fciffure une petite bande de papier brouillard, tant pour la cacher, que pour empêcher qu'il ne fe décolle en féchant.

Lorfqu'il eft néceffaire de retrancher quelque chofe du Chapiteau, fervez-vous, pour le rogner droit, d'un petit bout de baguette, dans lequel vous ferez traverfer une groffe épingle à la mefure jufte que vous voulez donner au Chapiteau; pofez ce petit bâton dans le fond du cornet, & tracez un rond avec l'épingle, qui eft la marque de ce que vous en devez retrancher.

Le Chapiteau étant pofé, amorcez votre Fufée, & pour cela faire, prenez un morceau d'étoupille plié double, & de groffeur proportionnée, faites-le entrer dans l'ame de la Fufée, à la hauteur d'un diametre extérieur, & le collez dans la gorge ou écuelle au deffous de l'étranglement avec de l'amorce, qui eft de la poudre écrafée, & détrempée avec de l'eau, dont vous faites une pâte: obfervez de n'en mettre qu'autant qu'il eft néceffaire pour tenir l'étoupille: une trop grande quantité donneroit trop de feu, & pourroit faire créver ou défoncer la Fufée: laiffez vôtre étoupille affez longue, pour que les deux bouts qui pendent débordent la Fufée d'un demi diametre; faites-les rentrer dans l'écuelle de l'étranglement, & la bonnetez pour empêcher l'humidité & le feu de s'y introduire; sans cette précaution, une Fusée qui défonceroit, pourroit mettre le feu à toutes les autres, & causer bien du désordre. Elles peuvent en cet état se conserver un grand nombre d'années dans le même dégré de bonté, pourvu qu'on les préserve de l'humidité & des Rats, qui attirés par la colle de farine, rongent le carton. Quant à la chaleur, elle n'y cause aucune altération; on fait même sécher au four à une chaleur modérée les Fusées que l'on vient de garnir, quand on est pressé de les tirer.

Bien des Artificiers ne mettent point de Pot aux petites Fusées de caisse; ils se contentent de rouler dessus un morceau de papier gris, qu'ils y collent, dans lequel ils mettent la chasse & la garniture ce qu'il en peut tenir, & lient le papier pardessus pour la renfermer. Les Fusées ainsi garnies montent plus haut, parce qu'elles font moins chargées; mais aussi la garniture qu'elles jettent est bien peu de chose.

CHAPITRE VII.

DES BAGUETTES,

COMMENT IL FAUT LES ATTACHER
AUX FUSE'ES : ET DU CHEVALLET.

L'Effet de la Baguette que l'on attache aux Fusées, est de les maintenir droites en contrebalançant leur pésanteur, contre laquelle le feu agit par l'un des bouts, qui doit toujours être tourné en bas, & qu'elle force à garder cette situation.

Le bois le plus leger est le plus propre à faire des Baguettes. Celles des Fusées au dessus des doubles Marquises, doivent être faites par un Menuisier, étant bien rare de trouver des branches d'arbres assez droites, longues & menues, pour servir à ces Fusées; à l'égard des doubles Marquises, & au dessous, le Coudre, le Saule, l'Orme, & l'Ozier, fournissent abondamment des Baguettes qui leur sont propres. Il faut leur donner au moins neuf fois la longueur de la Fusée, non compris la garniture, dont la hauteur varie, ou ce qui est la même chose, neuf fois celle du Moule; & la partie la plus grosse, qui est celle où l'on attache la Fusée, ne doit avoir

Pl. 1.
Fig. 13.

qu'un demi diametre extérieur de la Fusée au plus : ainsi la Baguette d'une Fusée de deux pouces, n'en aura qu'un dépaisseur en tête, & ainsi des autres ; elle doit diminuer insensiblement de grosseur, & se terminer presque en pointe.

Une Baguette dont la tête est trop grosse charge trop la Fusée, la queue étant pésante à proportion, lorsque l'équilibre est observé ; elle ne monte point, ou est très-paresseuse ; & si l'équilibre n'est point gardé, & que la queue soit trop légere, elle fait le même effet, que lorsqu'elle porte une garniture trop pésante, elle ne s'enleve qu'à une médiocre hauteur, & retombe à terre, en décrivant un demi cercle.

Plus les Baguettes ont de longueur, plus les Fusées montent droit : elles ne sauroient en avoir trop, pourvû que n'ayant en tête que la grosseur ci-dessus, elles se trouvent en équilibre à une certaine distance, lorsque les Fusées y sont attachées. Cette distance se regle par le diametre extérieur de la Fusée : on en donne trois aux plus petites Fusées, jusques & compris celles de quatorze lignes ; pour celles au-dessus, jusques & compris les Fusées de deux pouces, deux diametres & demi ; & aux Fusées au de-là, deux diametres : de maniere que la Baguette d'une Fusée d'un pouce sera en équilibre à trois pouces de la gorge, celle de deux pouces à cinq,

&

& celle de trois pouces à six. On cherche l'é-
quilibre avec un couteau, fur le tranchant
duquel on pofe la Baguette, ou même fur le
doigt : fi elle eft trop légere, il faut en changer, ou attacher au bout quelque chofe de
lourd, & qui faffe peu de réfiftance dans l'air ;
on prend ordinairement un cartouche de lance à feu, dans lequel on fait entrer la Baguette, & que l'on lie deffus : lorfqu'il y va
de peu de chofe, on peut attacher la Fufée
d'un pouce ou deux plus haut, cela donne
plus de longueur & de poids à la Baguette.
Si elle eft trop péfante, il en faut ôter, foit
en retranchant de fa longueur, fi elle a plus
de neuf fois celle de la Fufée, foit en ôtant
de fon épaiffeur.

On fait faire par le Menuifier une Canelure aux Baguettes de Sapin, pour placer la
Fufée & la tenir ftable ; à l'égard des Baguettes de branchage, il fuffit d'unir avec
un couteau & rendre plane la furface de l'endroit où on l'attache ; l'extrêmité du gros
bout, doit être coupée en talus, tant pour
la propreté, que pour faire moins de réfiftance dans l'air.

La Fufée étant pofée dans la Canelure, jufques & non compris la ligature du Pot, qui
doit excéder la Baguette, il faut la lier dans
deux endroits du nœud de l'Artificier, premierement un peu au-deffous du talus qui
termine la tête de la Baguette, & en fecond

E

lieu dans l'étranglement ; on fait une coche
à la Baguette, à chacun de ces endroits, pour
que la ficelle ne glisse point.

Il faut n'employer que des Baguettes bien
droites, celles qui sont tortues & courbes
font monter les Fusées en tournoyant ; ce
n'est pas toujours un défaut, & il arrive quelquefois que ce tournoyement a une forme
spirale si réguliere, qu'il plait beaucoup :
on peut le donner aux Fusées quand on veut,
il ne s'agit que de courber la Baguette en
demi-cercle ; quoiqu'il en soit, rien n'est
plus beau qu'une Fusée qui monte bien droit,
& dont la Baguette retombe sur le Chevalet, ou à peu de distance, comme je l'ai vû
arriver quelquefois par un tems bien calme
c'est la preuve qu'une Fusée est bien proportionnée dans toutes ses parties.

Le vent écarte les Fusées plus ou moins de
la ligne droite, à proportion de sa force, on
doit éviter d'en tirer quand il en fait beaucoup.

L'usage des Baguettes de bois verd n'est
pas bon, premierement parce qu'étant plus
pésantes, on est obligé de les tenir plus cour-
tes, & en second lieu parce qu'en se séchant
elles perdent de leur poids, ce qui change
l'équilibre, & fait qu'elles ne montent pas
droit ; ainsi il ne faut les attacher aux Fusées,
que lorsqu'elles sont bien seches, à moins
qu'on ne veuille les tirer aussitôt.

Comme la Baguette ne fert qu'à maintenir la Fufée droite, on a imaginé d'y fubfti-
tuer des Panaceaux, dont on la garnit comme une fleche ; ce qui produit le même effet
par la réfiftance qu'ils trouvent dans l'air,
qui les empêche de céder au poids de la
Fufée, qui tend à les renverfer; ainfi elle eft
forcée de monter droit : ces Panaceaux font
de bois mince ou de fort carton , il en faut
quatre, qui prennent depuis le bas du chapiteau , jufqu'à la gorge de la Fufée, dont
ils ont par en bas trois fois le diametre extérieur, fe terminent en pointe, & forment
un triangle rectangle : on les fait tenir avec
de la colle forte entre deux petits bâtons
couchés & liés fur le cartouche , qui foutiennent chaque Panaceau. Ces Fufées fe tirent fur une efpece de Guéridon, au milieu
duquel il y a un trou, & une rénure qui y
communique, que l'on remplit de pouffier,
qui fervent a donner feu à la Fufée que l'on
pofe deffus , entre quatre bâtons qui la gui-
dent dans l'inftant qu'elle part. On ne fait
gueres ufage de cette invention, il eft beaucoup plus fimple, & plus fûr de fe fervir de
Baguettes ; on fe contente d'en faire une fois
l'expérience.

Le Chevalet eft un poteau que l'on plan- Pl. 2.
te en terre, ou qui eft foutenu fur terre, par Fig. 6.
trois ou quatre arcs-boutans : il eft traverfé
tout en haut par une barre de fer platte

& fur tranche, fur laquelle on place les Fufées l'une après l'autre pour les tirer. Il y
en a de plufieurs formes ; mais le plus fimple
de tous , & qui eft d'autant plus commode
qu'on le tranfporte aifément où l'on veut,
eft un grand bâton armé d'un fer pointu par
l'un des bouts, qui fert à le piquer dans terre ;
on fait traverfer dans le haut une petite
verge de fer, fur laquelle on pofe la Fufée ;
on peut encore faire entrer à viffe cette verge de fer dans le bois, pour la placer à telle
hauteur que l'on veut ; il faut en ce cas la
terminer par une coudure ou un anneau ,
pour avoir de la prife pour la tourner : il n'eft
pas mal d'en avoir deux, & d'en placer une
en bas , lorfqu'il fait du vent , pour empêcher la queue de la Baguette de vaciller &
la Fufée de tomber.

La Fufée en partant ne fait aucun effort
par en bas ; ainfi on ne doit point craindre
que la verge de fer, ne foit pas affez forte,
il fuffit qu'elle puiffe porter la Fufée. J'en
ai tiré quelquefois d'affez groffes , fur un
couteau piqué dans une perche.

Le Chevalet doit toujours avoir au moins
fept pieds de hauteur , même pour les petites
Fufées , afin de ne pas rifquer d'en être bru-
lé, fi elles viennent a crever ou à défoncer.

Lorfque la Baguette eft trop longue, pour
que la Fufée porte fur la barre du Chevalet ,
il fuffit de l'appuyer contre.

Il faut débonneter chaque Fusée dans l'inftant qu'on la pose sur le Chevalet, ce qui
se fait en crévant le papier d'un coup d'on-
gle ; on y donne feu avec une lance placée
au bout d'un porte-feu, qui est un leger bâton de cinq à six pieds, terminé par un espece de porte-crayon, dans lequel on entre
la lance que l'on y retient, en la serrant avec
un anneau coulant.

Le vol d'une Fusée peut être dirigé à tel
dégré du cercle que l'on veut. Je suppose
qu'elle soit placée à 90. degrés, elle décrira
une ligne horizontale & telle qu'un boulet de
Canon ou une fleche ; elle aura successivement les trois mouvemens qui leurs sont propres, sçavoir le direct ou violent, lorsqu'elle part, le courbe ou composé, lorsque
le Massif brûle, & le naturel ou perpendiculaire, après qu'elle a jetté sa garniture ; si l'on
veut lui donner une direction bien certaine,
il faut se servir du Chevalet représenté dans
la Planche 2. Fig. 5. qui porte une division
de dégrés, & de quoi tenir la Fusée dans tel
alignement qu'on veut lui donner. J'en ai
quelquefois tiré horisontalement qui ont sui-
vi cette direction aussi exactement, que si elles
avoient glissé sur une corde, & cela arrivera
toujours lorsqu'elles seront bien composées.
Avant d'avoir fait cette expérience, je m'ima-
ginois que la pesanteur de la Baguette devoit
redresser la Fusée ; mais la violence avec la-

quelle elle part furmonte fa pefanteur & la force à fuivre fa direction.

CHAPITRE VIII.

DES FUSE'ES VOLANTES
QUI ONT UN EFFET PARTICULIER.

ON trouve dans plufieurs Traités de Pirotechnie des Liftes de drogues pour colorer le feu des Fufées & le rendre verd, jaune, bleu, blanc & d'autres couleurs, que l'on me fauroit peut-être mauvais gré de n'avoir pas rapportées, fi je n'en donnois des raifons ; qui font, premierement que ces Auteurs n'en ayant pas prefcrit les dofes, il eft à préfumer qu'ils n'en ont parlé que par conjectures ou fur de légeres épreuves ; en fecond lieu, qu'après des effais que j'en ai faits & réitérés en différentes proportions, j'ai trouvé que la plûpart ne réuffiffoient pas, & que le peu de changement que j'ai remarqué dans quelques-unes ne valoit pas la peine & le rifque de s'expofer à la vapeur empoifonnée des drogues qui entrent dans ces compofitions, qui font entre autres, le Sublimé, le Verd-de-Gris, l'Antimoine & l'Orpiment, qui pourroient caufer beaucoup de mal ; fi une Fufée venant à crever on en refpiroit la fumée, ce qu'il ne feroit gueres poffible d'éviter

Je n'admets pour diversifier les feux, que les matieres qui ne sont point nuisibles, telles sont la Limaille de fer & les différentes combinaisons des matieres principales, sçavoir le Soufre, le Salpêtre, le Charbon & la Poudre qui en est composée, qui sont les seules en usage ; on employe quelquefois du Camphre dans les compositions lentes, encore ceux qui ajoûtent foi à cet axiome *Camphora per nares castrat odore mares* se garderont bien de s'en servir.

Voici différentes especes de Fusées volantes qui offrent assés de variété sans en chercher par des choses nuisibles, qui appartiennent plutôt à la Chimie qu'à notre Art.

ESPECE PREMIERE.

L'Eclatante.

CHargez une Fusée en brillant dont vous trouverez la composition au Chapitre des Jets ; mais comme elle est la plus violente, il faut donner d'autres proportions au cartouche & à la broche ; ainsi vous ferez l'un du double plus fort, & vous diminuerez l'autre de moitié, c'est-à-dire, que si la proportion ordinaire du cartouche est de deux lignes, vous lui en donnerez quatre, & vous réduirez la broche de quatre lignes à deux, &

ainſi des autres ; garniſſez-la d'Etoilles , ſa queue qui eſt formée d'Etincelles très-éclatantes , fait un bel effet.

SECONDE ESPECE.

Fuſée à ſecond & à troiſieme vol.

Pl. 2.
Fig. 2.
L'Effet de cette Fuſée eſt d'en produire d'autres, après qu'elle a fait ſon vol, qui montent à une grande hauteur & jettent leur garniture.

Prenez une Fuſée de deux pouces ſans garniture , attachez-la ſur la baguette , & collez ſix anneaux de carton avec de la colle forte ſur ſon cartouche , trois en haut & trois en bas à égale diſtance entr'eux ; prenez enſuite trois petites Fuſées qui toutes garnies & attachées ſur leurs baguettes , ne peſent pas plus que la garniture de la groſſe ; paſſez les baguettes dans ces anneaux qui doivent être aſſez larges pour qu'elles puiſſent y entrer & en ſortir librement , & poſez ces Fuſées ſur le carton rendoublé de la groſſe , avec des Etoupilles qui le traverſent & communiquent de leur gorge à ſon Maſſif.

Pl. 3.
Fig. 5.
Une nouvelle maniere de faire des Fuſées à pluſieurs vols, eſt de garnir le Pot de la groſſe avec des Fuſées volantes, auſquelles en place de baguettes, on attache une pierre , ou un

morceau de bois de la pefanteur de la Fufée, avec une corde qui en a fix fois la longueur, que l'on roule fur la pierre pour qu'elles ne fe mêlent pas; la chaffe leur ayant donné feu elles s'éleveront en l'air comme avec des baguettes. Il faut les tirer dans quelque endroit où il n'y ait rien à craindre de leur chûte. On peut en faire de même à trois vols.

TROISIEME ESPECE.

La Jumelle.

Ttachez deux Fufées adoffées fur une même baguette affez forte & affez longue pour être en équilibre à la mefure ordinaire, ou attachez enfemble deux Fufées garnies chacune de leur baguette, & mettez une Etoupille de communication de l'une à l'autre pour qu'elles prennent feu en même tems : l'effet de ces Fufées, qui paroiffent n'en faire qu'une, eft de donner beaucoup de feu & une belle garniture ; on en peut joindre un plus grand nombre.

QUATRIEME ESPECE.

La Flamboyante.

Renez de la compofition d'Etoiles & la détrempez avec affez d'eau pour la rendre en confiftance de bouillie bien claire ; trempez dedans des étoupes , & après qu'elles feront bien feches , poudrez-les d'un peu de Pouffier & couvrez-en entierement une groffe Fufée , enforte qu'elles pendent même un peu au-deffous de la gorge pour faire une conti- nuité de feu avec la queue. Mettez-en une affez grande quantité pour faire un gros volu- me de flamme ; liez-les fur la Fufée feulement par le milieu avec un fil de fer : commencez par mettre le feu aux étouppes qui fe com- muniquera dans l'inftant à la gorge de la Fu- fée par une Etoupille : vous lui ferez porter pour garniture des Mârons ou Pétards qui la termineront par une belle Efcopeterie. La Fu- fée doit auffi être liée fur la baguette avec du fil de fer , attendu que la ficelle brûleroit.

CINQUIEME ESPECE.

Fufée qui porte pour garniture , VIVE LE ROY, *en lettres de feu.*

Pl. 3.
Fig. 1.

DE'coupez vos lettres dans une bande de carton, de maniere qu'elles tiennent par en haut & par en bas à une bordure qui forme un parallelograme qui les unit & les renferme ; attachez fur les bordures deux morceaux de Baleines pour donner du reffort au carton ; prenez de l'Etoupille faite avec de la compofition d'Etoiles; entourez-en vos lettres, enforte qu'il n'y ait aucun endroit qui n'en foit couvert; recouvrez-les enfuite d'Etoupille prompte qui fervira à communiquer le feu partout. Prenez une Fufée de deux pouces au moins fans être garnie, attachez-la fur une baguette qui doit l'excéder & la furpaffer de la hauteur du Parallelograme, que vous clouerez deffus; ayez attention que votre baguette fe trouve entre deux lettres, pour ne point cacher le feu qui doit être vû de l'un & de l'autre côté, & de faire trouver votre Parallelograme en équilibre dans l'endroit où vous voulez le clouer, en attachant quelque chofe de lourd à la bordure du bout le plus léger, ce qui eft abfolument effentiel, pour que la Fufée monte droit. L'ayant donc cloué fur le bout de la baguette qui déborde la Fufée, tournez-le en rond de telle forte qu'il ne tienne pas plus de volume qu'auroit fait le Pot de la Fufée; & pour le maintenir dans cet état, attachez-le par le milieu avec une Etoupille promte, qui recevra le feu de la gorge de la Fufée par une Etoupille lente de communication que vous ferez, en mettant deux oncesde Soufre fur la livre de pouffier.

Vous pouvez vous paffer de couvrir vos lettres d'un chapiteau; mais fi vous voulezy en mettre un; il faut le percer de trois trous dans lefquels vous pafferez trois Etoupilles qui vous serviront à le lier dessus : vous ferez joindre ces Etoupilles à celles qui entourent les lettres , afin que le même feu qui les développe, détache aussi le Chapiteau. Ayant donné feu à la Fusée, il se communiquera à l'Etoupille lente , après qu'elle aura fait la moitié de son vol , à celle qui lie les lettres & le Chapiteau, les Baleines n'étant plus retenues se déployeront & vous verrez monter en l'air des caracteres de feu. On peut de la même maniere représenter des Armoiries ou tel autre dessein que l'on jugera à propos ; pourvû qu'il n'excede pas le poids & la hauteur que la Fusée peut porter.

Plusieurs de ceux qui ont écrit sur l'Artifice nous ont donné la maniere de faire paroître en l'air des caracteres de feu ; mais le succès en est si douteux que l'on ne doit pas s'étonner comme l'un d'eux a fait , que l'on ne l'exécute pas plus souvent. Ils prescrivent de rouler le parallelograme & de le mettre dans le Pot de la Fusée sur de la Poudre grainée qui le chasse en l'air. Il ne faut pas être bien expérimenté dans l'Art pour juger que c'est le plus grand hazard du monde que ces lettres chassées avec violence, se présentent dans une situation horisontale, & qu'elles s'y maintiennent en retombant , quoiqu'on ait pris la précaution d'attacher du plomb aux coins d'en bas.

SIXIEME ESPECE.

Fusée qui porte une Girandole pour garniture.

FAites tourner un Pivot de bois de douze Pl. 3. à quinze lignes de hauteur, & de six lignes Fig. 2, 3. & de diametre, dont le pied ait six lignes d'é- 4. paisseur, & de diametre, celui du cartouche au dessus du carton rendoublé dans lequel il doit entrer & y être collé de colle forte; ce Pivot est l'axe sur lequel la Girandole doit tourner.

Faites faire une autre piece comme la Fig. 4. Pl. 3. la représente, que j'appelle un tourniquet à un tenon, pour le distinguer de ceux qui en ont deux : il est percé au milieu d'un trou égal à l'axe sur lequel il doit tourner ; le tenon sert à porter un jet dans le cartouche duquel il entre & que l'on y colle. Chargez un jet en brillant sur un culot sans broche, dont le trou de la gorge soit bouché avec un tampon de papier bien frappé dedans, l'ayant collé sur le tenon qui doit entrer dedans de la profondeur d'un diametre ; percez-le à côté un peu au dessous du tampon avec un Poinçon à arrêt, de la grosseur de la pointe du Culot qui lui est propre : posez ensuite votre Girandole sur son essieu, dans lequel vous percerez un trou pour la retenir avec une petite clavette de bois : puis ayant mis du Pouſſier dans le trou du jet , que j'appelle trou de lumiere , collez-y une Etoupille & la conduiſez à la gorge de la Fuſée qui y donnera feu en partant , & vous verrez tourner la Girandole pendant que la Fuſée montera.

SEPTIEME ESPECE.

Fuſée qui porte un Soleil fixe.

FAites tourner un morceau de bois comme la Fig. 9. Pl. 3. le repréſente , de groſſeur proportionnée à ſa Fuſée , & qui ne peſe pas plus avec les jets que feroit ſa garniture ordinaire. Percez trois trous de la longueur de vos jets dans la partie A, & trois trous dans la partie B, qui partagent le Cilindre qu'elles compoſent en ſix parties égales ; donnez-lui le moins de diametre que vous pourrez pour ne point trop charger votre Fuſée ; il ſuffit que les jets y entrent d'un diametre pour bien tenir , y étant collez avec de la colle forte ; collez enſuite la partie C, qui porte le Cilindre , ſur le carton rendoublé ; puis mettez une Etoupille de communication d'un jet à l'autre, & une autre Etoupille lente qui communiquera de la gorge de la Fuſée à l'un des jets : vous en verrez l'effet , lorſque la Fuſée aura fait la moitié de ſon vol.

HUITIEME ESPECE.

Fuſée qui porte un Soleil tournant.

LA Figure 10. Pl. 3. repréſente un Axe dont les parties A & B portent chacune un tourniquet garni d'un jet chargé en brillant, & percé à côté ; la partie C de l'Axe eſt faite pour entrer dans le vuide du cartouche au-deſſus du carton rendoublé, où elle doit être collée ; vous placerez une Etoupille lente de communication du trou de lumiere de vos jets à la gorge de la Fuſée, qui leur donnera feu.

NEUVIEME ESPECE.

Fuſée qui porte un Soleil montant ou, tourbillon de feu.

COllez ſur le carton rendoublé de votre Fuſée un Pivot, comme celui de la ſeptieme Eſpece qui donne entrée à un tourniquet à deux tenons, garni de deux jets chargés en brillant, & percez à côté un peu au-deſſous du tampon qui bouche la gorge. Obſervez de ne le pas percer du même côté, l'un doit être à droit & l'autre à gauche pour leur donner un mouvement de rotation ſur l'Axe ou Pivot. Outre ce trou, percez encore à chacun des jets trois trous par-deſſous à égale diſtance, qui ſervent à faire monter le Soleil; mettez du Pouſſier dans les huit trous & conduiſezune Etoupille de l'un à l'autre, ſur leſquels vous l'arrêterez avec un peu d'amorce : collez-y deux petites baguettes qui le croiſent, comme la Pl. 4. Fig. 3. le repréſente. Poſez enſuite votre Soleil ſur ſon Axe ; percez le Maſſif de la Fuſée à côté, & y placez une Etoupille qui communique & donne feu aux jets qui s'éleveront en l'air en tournant & formeront un tourbillon de feu.

On trouvera dans le Chapitre qui traite des différentes eſpeces de Soleils, une plus ample explication de ceux qui ſont employez ici pour garnir des Fuſées volantes, dont je n'ai parlé qu'en abrégé pour éviter une répétition inutile.

DIXIEME ESPECE.

Fuſée qui imite l'Eclair & le Tonnerre.

Pl. 3.
Fig. 7. Mettez dans le fond du Pot d'une Fuſée de deux pouces une Cornée de Pouſſier : poſez deſſus, & au milieu du Pot un gros Lardon de ſix lignes de diametre intérieur & de quatre à cinq pouces de long, chargé entierement de compoſition de Lardons, ſans Pétard

au

au bout, remplissez le vuide qui est autour
jusqu'à moitié de sa hauteur de la composition
suivante.

	liv.	onces.	gr.
Salpêtre.	o.	8.	o.
Poussier.	o.	8.	o.
Soufre.	o.	8.	o.
Résine.	o.	8.	o.

Le tout bien tamisé & mêlé, ne la foulez
qu'un peu par-dessus, & seulement pour empêcher qu'elle ne balotte dans le Pot & ne se
mêle avec la chasse ; rognez votre Pot à la
hauteur de la composition, & le couvrez d'une
rotulle de carton percée au milieu pour passer le Lardon, & la collez dessus avec des
bandes de papier, qui joindront le Lardon
à la rotulle, & la rotulle au Pot : posez un
Chapiteau dessus collé à l'ordinaire, attachez
ensuite un gros Saucisson de chaque côté de
votre Pot avec de la ficelle collée de colle
forte, pour qu'ils ne glissent point ; percez le
Pot de deux trous vis-à-vis la Chasse pour
communiquer le feu aux deux Saucissons par
deux Etoupilles, l'une lente & l'autre prompte,
pour qu'ils ne partent pas en même tems &
fassent deux coups. Attachez ensuite au travers
de votre baguette à l'opposite de l'endroit
où elle joint sur le cartouche, sept Pétards
ou petits Saucissons, de maniere que la gorge
de l'un soit tournée contre l'extrêmité opposée
de l'autre, pour qu'ils ne prennent pas feu

Pl. 3.
Fig. 7.

F

en même tems. Mettez une Etoupille de communication de l'un à l'autre qui aille rendre à la chasle du Pot : couvrez-les d'un papier collé, ainsi que les gros Saucissons, pour que le feu ne s'y porte point avant que la Fusée ait fait son vol, vous verrez alors un Eclair formé par la composition dont le Pot est rempli, du milieu duquel sortira le Foudre représenté par le Serpenteau ; les deux gros Saucissons imiteront deux coups de Tonnerre ; & les Pétards feront les éclats que l'on entend lorsque le Tonnerre est proche. Il faut en chargeant le Lardon mettre une petite pincée de Poudre grainée sur chaque charge, & le pancher en la versant, afin qu'elle se trouve tout d'un côté, à la seconde charge on le panchera du côté opposé, & ainsi des autres : cela sert à changer la direction du Lardon & à lui faire faire le zigzag que l'on remarque dans le Foudre.

CHAPITRE IX.

MACHINE POUR MESURER
LES DEGRE'S D'ELEVATION DES FUSE'ES VOLANTES.

LA Figure 2. Planche 8. représente une Machine qui me sert à comparer la hauteur à laquelle les Fusées d'inégales grosseurs, ou chargées de compositions différentes, s'élevent respectivement lorsqu'elles montent droit. Il y a des cas où ces comparaisons sont fort utiles, soit pour connoître les meilleures compositions, soit pour juger de la résistance que certaines garnitures font dans l'air qui les empêchent de monter à leur hauteur.

On pose cet Instrument sur une Table, on l'alligne à la fusée, & dans l'instant qu'elle part on la suit de l'œil avec la Bascule A, qui l'alligne, dont la partie B qui baisse, appuye sur une piece mobile C, qui parcourt un certain nombre de dégrés par lesquels on juge de l'élevation de la Fusée.

CHAPITRE X.

DE DIFFE'RENTS ARTIFICES PROPRES A GARNIR LES FUSE'ES VOLANTES.

ARTICLE PREMIER.

Des Lardons & Serpenteaux.

LEs Lardons sont faits d'une, de deux ou de trois cartes, comme il a déjà été dit dans le Chapitre des cartouches. Ceux d'une carte s'appellent Vétilles, ils ont trois lignes de diametre intérieur; à deux cartes on leur

Pl. 1. Fig. 19. 20. & 21.

donne trois lignes & demi , & à trois cartes quatre lignes : ceux qui ont un plus grand diametre doivent être faits en carton; on leur donne d'épaiſſeur le quart du diametre de la baguette, ſur laquelle on les roule lorſqu'ils ſont chargés de la premiere des compoſitions ſuivantes , & le cinquieme lorſqu'on employe la ſeconde , qui eſt moins vive & qui convient dans certains cas; leur hauteur eſt de ſix à ſept diametres extérieurs.

Compoſition pour les Lardons.

		liv.	onces.	gr.
Pouſſier.	. . .	2.	0.	0.
Salpêtre.	. . .	1.	0.	0.
Aigremore.	. . .	0.	8.	0.
Soufre.	. . .	0.	4.	4.

Autre moins vive.

Salpêtre	. . .	2.	12.	0.
Aigremore	. . .	1.	0.	0.
Soufre	. . .	0.	4.	0.

La Vétille doit être néceſſairement chargée de la compoſition en Poudre , celle en Salpêtre brûleroit lentement & ſans l'agiter.

On la charge dans une eſpece de Boiſſeau un peu moins haut que les cartouches, de la maniere qui ſuit. Liez & étranglez vos cartouches & les arrangez tous droits dans le Boiſſeau , autant qu'il y en peut tenir , étant bien ferrés les uns contre les autres ; mettez un tampon fur chacun & les enfoncez & frappez avec la baguette ; verfez dedans de la Poudre avec une Plume qui en doit contenir autant qu'il eft néceffaire pour les remplir jufqu'à la moitié de leur hauteur ; répandez enfuite de la compofition deffus , & l'épanchez avec la main ou une carte fur tous les cartouches, en frappant un peu contre pour la faire entrer : les ayant ainfi tous remplis , prenez la baguette à charger & un petit Maillet , & & les frappez de huit à dix coups chaque ; répandez encore de la compofition deffus & achevez de les remplir de la même maniere à la réferve d'un diametre pour les étrangler. Retirez-les du Boiffeau, & les ayant étranglés, ouvrez le trou de l'étranglement avec une petite pointe de fer de quatre à cinq lignes de longueur, fur une ligne d'épaiffeur dans fa bafe ; coupez de l'Etoupille à petits morceaux & les amorcez, non pas l'un après l'autre, mais prenez-en une douzaine dans votre main, répandez dans leur gorge un peu de compofition pour remplir le trou que la pointe y a fait ; prenez un peu d'Amorce au bout du doigt , touchez-en un brin d'Etoupille qui s'y attachera & le portez avec l'Amorce dans la gorge de l'une des Fufées qu'il doit excéder d'environ un diametre pour y donner feu plus facilement.

Les Tampons font de petites boules de

pâte de papier que l'on forme en les roulant dans les doigts; on met tremper dans de l'eau des rognures de papier que l'on ramasse dans le Magazin pour cet usage , & lorsqu'ils paroissent bien maniables on en forme des Tampons que l'on n'employe que bien secs.

On peut se passer de Boisseau , il suffit d'arranger la même quantité de cartouches en rond & de les lier bien ferme.

Il y a des Artificiers qui mettent un grain de Vesce entre la composition & la Poudre , ou un pois rond lorsque les Lardons sont gros, dont l'effet est de faire péter plus fort la Fusée , & voici comment. La Poudre dans l'instant qu'elle prend feu chasse ce grain de Vesse contre la gorge dont il bouche le trou , alors la Poudre qui ne prend air par aucun endroit creve & éclate le cartouche avec bruit. Je ne désaprouve point cette pratique pour la Vétille & les petits Lardons au-dessous: mais il est très-inutile d'en mettre aux Lardons au-dessus , qui contiennent assez de Poudre pour rompre le cartouche avec beaucoup de bruit. Je n'en mets point dans la Vétille ; mais je la charge avec de la Poudre fine , & elle fait en crevant autant de bruit , parce qu'elle est plus forte que la grosse , & qu'il y en entre plus, à cause que les interstices sont moins grands , & que le grain de Vesce ne laisse pas de tenir de la place.

On fait aussi de petits Lardons en papier

pour tirer dans les chambres ou pour en garnir de fort petites Fusées. Coupez une feuille de papier en trente-deux ou en soixante-quatre, formez-en autant de cartouchess en les roulant sur un morceau de Fil de fer dont la grosseur est proportionnée à leur longueur; servez-vous d'une corde à boyau pour les étrangler, & chargez-les dans un petit Moule dont le culot ne porte point de Broche; mettez entre la composition & la Poudre une graine de Vesce ou quelqu'autre plus grosse ou plus petite, suivant le diametre de la Fusée, en observant qu'elle doit y entrer librement, afin que le feu puisse se communiquer à la Poudre, ce qui n'arriveroit pas si elle bouchoit exactement le cartouche; chargez-les de la composition que j'ai donnée pour les petites Fusées volantes en papier, qui ne different de ces Lardons, que par les baguettes qu'on y attache. Vous les remplirez avec une petite Plume, ou en les appuyant sur la composition; il y en entrera assez pour chaque charge.

Les Lardons à deux, à trois cartes & au-dessus se chargent sans moule sur un Culot qui porte une pointe de cinq à six lignes, épaisse dans sa base du tiers du diametre intérieur. On commence par les charger jusqu'à moitié en composition; on met ensuitela Poudre grainée & un tampon par-dessus; puis on les étrangle & amorce, ainsi qu'il vient d'être dit pour la Vétille.

F iiij

Lorſque les Lardons ſont chargés en brillant, on les appelle Serpenteaux. Il y en a
encore une autre eſpece qui doivent être auſſi
chargés en brillant, que l'on nomme Serpenteaux brochetés, parce qu'ils ſont chargés ſur
ſur une broche de la longueur du tiers du
cartouche ; l'air qui ſe dilate dans le trou de
la broche les agite beaucoup. Il faut donner
un peu plus de force au cartouche ; on les
fait ordinairement à trois cartes, & du calibre de deux, l'effet en eſt fort beau, on
en fait particulierement uſage, pour les Pots
à aigrette que l'on en garnit.

ARTICLE. II.

Des Fougues.

ON appelle Fougues, des petites Fuſées
volantes ſans baguette, comme partement, ou petit partement, dont on garnit
les groſſes Fuſées. Leur effet, eſt de beaucoup
s'agiter en l'air ; on les termine par un Maron collé ſur le carton rendoublé.

ARTICLE. III.

Des E'toiles.

CE n'étoit pas autre fois un petit ouvrage, que de former des Etoiles. On enveloppoit la composition dans un linge, ou dans du papier plié en plusieurs doubles, & lié bien ferme, que l'on perçoit ensuite pour les enfiler dans une Etoupille. On les fait aujourd'hui d'une maniere bien plus simple, & dont l'effet est au moins aussi beau.

Ayez un petit instrument, que l'on appelle Moule à Etoile, comme la Figure 6. Pl. 3. le représente. Détrempez la composition cy-après avec de l'eau ; formez-en une pâte, & vous servez de votre Moule, qui en l'appuyant dessus, formera dans une virolle qu'il porte, un petit rond de pâte, percé au milieu par une petite broche de fer placée dans le milieu du Moule. Ayant ôté la virolle de dessus, faites en tomber doucement l'Etoile sur une feuille de papier, en la poussant avec le manche du Moule, qui doit être fait pour y entrer aisément : par ce moyen vous ferez en fort peu de tems une grande quantité d'Etoiles. Quand elles sont bien seches, enfilez-les dans de l'Etoupille, & les séparez un peu de six en six; coupez l'Etou-

pille dans ces féparations, & arrêtez-la avec
de l'amorce fur la premiere & fur la fixieme
Etoile de chaque paquet : l'amorce étanr feche, ferrez-les dans une boete, & n'oubliez
pas avant de les mettre dans le Pot de la
Fufée, de les paffer dans du pouffier, pour
qu'elles prennent feu plus fubitement. Voici
la compofition dont l'ufage eft le plus général.

	liv.	onces.	gr.
Salpêtre.	I.	o.	o.
Soufre.	o.	8.	o.
Pouffier.	o.	4.	o.

On donne communément aux Etoiles, fept
lignes de diametre, fur quatre lignes d'épaiffeur : lorfqu'elles font plus groffes, l'effet
n'en eft pas fi beau, parce qu'elles retombent trop bas.

ARTICLE. IV.

De la Pluye de Feu.

Moulez des Cartouches de papier, fur
une petite baguette de fer de deux lignes
& demi de diametre, & donnez leur deux pouces à deux pouces & demi de longueur ; étranglez-les par un bout ; & comme il y refte
prefque toujours uu petit trou par où le feu
de la chaffe pourroit s'infinuer & les brûler

par les deux bouts , frapez un petit tampon de papier dans chaque pour le boucher : chargez-les enfuite en trois ou quatre fois de compofition à deux onces de charbon fur la livre de Poudre , que vous y ferez entrer avec une plume : frappez-les fans moule ni culot, en les tenant à la main , comme on fait le lances ; cela va beaucoup plus vite que dans un Moule. Lorfqu'ils font remplis, amorcez-les fans y mettre d'Etoupille ; mais pendant que l'amorce eft fraiche , pofez-les légerement fur du pouffier qui s'y attachera, & fervira à leur faire prendre feu plus fubitement.

Cette garniture , qui remplit l'air de feux ondoyans , eft fort belle , & fert également pour les petites comme pour les plus groffes Fufées. Si vous voulez qu'ils ferpentent & s'agitent en l'air, vous n'avez qu'à les étrangler ; mais lorfqu'on en veut garnir plufieurs Fufées , je ne confeille pas d'y faire tant de façons. Pour moi je ne les étrangle , ni par un bout ni par l'autre ; je tortille fimplement le cartouche par l'un des bouts , je mets enfuite la baguette dedans , & frape quelques coups à vuide , pour lui faire prendre le plis ; je le plonge dans la compofition , il en prend autant qu'il en faut pour chaque charge ; puis je le frape en l'appuyant fur une table ; & après qu'il eft chargé , je coupe le pli du papier qui excede le cartouche. Ce-

la eft beaucoup, plus court que de les étrangler , & en fort peu de tems j'en fais une
affez grande quantité.

On fait encore une autre Pluye de Feu ,
qui eft un petit Lardon, ou Vétille, étranglé au
milieu, comme les Sauciffons volans, & chargé par un bout en poudre grainée, que l'on
ferme avec un tampon & un étranglement,
& l'autre bout en compofition de Lardons
fans être étranglé ; on y colle une Etoupille
avec de l'amorce.

<hr>

ARTICLE. V.

Des Marons.

Pl. 1.
Fig. 22.
UN Maron d'artifice eft fait avec un Parallelograme de carton , dont un des
côtés eft à l'autre, comme trois à cinq, pour
que l'on puiffe y former quinze quarrés égaux
entr'eux, trois fur une face, & cinq fur l'autre : on le plie enfuite en forme de dez à
jouer ou de cube, que l'on remplit de poudre.

Pl. 5.
Fig. 1.
Pour tracer & couper jufte ce carton , ayez
une planche fur laquelle les quarrés foient
tracés avec un trou à chaque angle, qui fert
à les marquer fur le carton. Ayant donc pofé votre planche deffus, tracez avec un poinçon le parallelograme quelle forme, puis à

travers les trous marquez les angles des quarrés ; tirez enfuite des lignes fuivant ces points, tant en long qu'en large : vos quinze quarrés fe trouveront formés. Coupez & pliez votre carton fuivant ces lignes, & lui faites prendre la forme d'un cube : empliffez-le de groffe poudre, & le couvrez entierement de ficelle ; trempez-le enfuite dans de la colle forte, couvrez-le d'un fecond rang de ficelle, que vous collerez de même, & ainfi jufqu'à quatre fois : laiffez-le enfuite bien fecher, & lorfque vous voudrez le tirer, percez-le par un coin avec un poinçon ; faites-y entrer une Etoupille, que vous y collerez avec un peu d'amorce.

On en fait d'auffi grands & d'auffi petits que l'on veut : on y proportionne le carton, la groffeur, & le nombre des rangs de ficelle dont on les couvre.

Les gros qui contiennent ordinairement une livre de poudre, tiennent lieu des boetes de métail, que l'on tire dans les réjouiffances publiques, & font au moins autant de bruit. Il faut y placer, au lieu d'Etoupille, un petit porte-feu de compofition lente, afin d'avoir le tems de s'en éloigner, pour éviter les éclats qui font dangereux, lorfqu'on leur donne cette groffeur.

Les petits Marons fervent à garnir des Fufées, pour faire une belle efcopeterie. Leur effet eft particulierement beau dans les gran-

des caiſſes, lorſque l'on en garnit une partie des Fuſées qui les compoſent.

ARTICLE. VI.

Des Sauciſſons

Pl. 2.
Fig. 3.

ILs ne different des Marons que par la
forme, l'effet en eſt le même. Moulez
des cartouches de tel calibre que vous voudrez : ne leur donnez que trois diametres de
haut, & faites-les moins épais que pour la
Fuſée volante, afin de pouvoir les étrangler
lorſqu'ils ſont chargés. Étranglez-les d'abord
par un bout, & tâchez de les fermer entierement ; frapez un bon tampon de papier
dedans, & le chargez de poudre grainée ; mettez un tampon de papier par deſſus, bien ſer-
ré à la main avec la baguette ; étranglez-le
enſuite, & rognez ce qui excede la ligature
de l'étranglement comme inutile, après quoi
couvrez-le de deux ou trois rangs de ficelle,
collée, comme il vient d'être dit pour les
Marons, & lorſqu'il ſera ſec, vous le percerez par l'un des bouts, & l'amorcerez de
même.

On les employe pour terminer certains
artifices comme lances, jets & autres. On
peut auſſi en garnir des Fuſées, & même
en méler avec d'autres garnitures ; il y a des

ças où ils conviennent mieux que les Marons, à cause de leur forme cilindrique.

ARTICLE. VII.

Des Etoiles à pet.

CE font de petits Sauciffons auxquels on
laiffe une gorge longue d'un diametre,
que l'on remplit de compofition d'Etoiles en
pâte, fur laquelle on colle un petit bout d'E-
toupille avec de l'amorce. Il ne faut point
oublier après qu'ils font chargés en poudre
& percés, de remplir le trou de la gorge
de pouffier, pour que le feu de l'Etoile, en
finiffant, fe communique à la poudre grainée : on les couvre feulement d'un rang de
ficelle.

ARTICLE. VIII.

Des Marons luifans.

PRenez des petits Marons étoupillés ; cou-
chez l'Etoupille fur un des côtés, & l'y
collez avec de l'amorce ; puis quand elle fera feche, couvrez vos Marons de pâte d'E-
toiles environ deux lignes d'épaiffeur , &
pendant qu'ils font encore humides, roulez-

les fur du poullier qui s'y attachera, & leur
fervira d'amorce.

ARTICLE. IX.

Globe d'artifice , dont on peut garnir
une Fufée.

MOulez fur une boule de bois deux
Hemifpheres de pâte de papier (comme il eft dit dans le Chapitre des Globes)
de grandeur proportionnée au Pot d'une groffe Fufée , dans lequel le Globe doit entrer ;
empliffez-les de Marons luifans ; & mêlez
parmy de la compofition des chaffes de Pots-
à-feu , tant pour leur donner feu , que pour
faire crever le Globe avec bruit. Rejoignez
vos deux Hemifpheres avec de la colle forte ,
puis collez des bandes de papier avec de la
colle de farine fur la ciffure ; percez-y un
trou avec un poinçon , & y faites entrer une
Etoupille le plus avant que vous pourrez ;
couchez-en le bout fur le Globe , & l'y arrêtez avec de l'amorce : couvrez-le enfuite
de pâte d'Etoiles , de l'épaiffeur de deux lignes , & collez deffus deux ou quatre bandes de papier en croix pour la tenir deffus ,
& empêcher qu'elle ne s'en detache. Pou-
drez-la pendant qu'elle eft fraiche d'un peu
de poullier , pour lui fervir d'amorce , &
lorfque

lorſque votre Globe ſera bien ſec, mettez-
le ſur une chaſſe dans le Pot de votre Fuſée : vous aurez une belle garniture, qui
formera un Globe de feu très-luiſant, qui
en ſe diſſipant avec bruit, paroîtra ſe parta-
ger en d'autres petits Globes, dont l'effet ſe
terminera par une belle eſcopeterie.

On peut couvrir ce Globe de roche à feu,
ſi on le trouve plus commode. C'eſt une compoſition fondue, qui s'employe avec un pinceau, & qui devient fort dure lorſqu'elle
eſt ſeche; ſon feu eſt auſſi lumineux que celui de la compoſition d'Etoiles. On trouvera
la maniere de la préparer, dans le Chapitre
deuxieme des Feux d'Artifices pour la Guerre.

CHAPITRE. XI.

DES POTS A FEU.

LEs Pots à Feu ſont des cartouches de
carton, dont le diametre & l'épaiſſeur
ſont proportionnés à la groſſeur des ſept
Lardons qu'ils doivent contenir. On n'en met
ordinairement que ce nombre, qui s'arrange
en rond mieux qu'aucun autre & remplit
exactement l'intérieur du Pot, auquel on
donne cinq à ſix diametres de hauteur. On
le moule comme les cartouches des Fuſées
volantes, mais moins épais à proportion ;

Pl. 2.
Fig. 4. & 7.

G

il suffit qu'il puisse résister sans crever à l'effort de la chasse. La façon de les étrangler est un peu différente : il faut ménager un trou dans la gorge à pouvoir y passer le Porte-feu, & au lieu d'une petite écuelle qui termine la gorge des Fusées, il faut former quatre angles ou quatre plis, avec le carton qui excede l'étranglement, qui servent à arrêter la ligature, tant de l'étranglement que du Porte-feu.

Pour faire la chasse des Pots, que l'on appelle le sac à Poudre ; coupez autant de morceaux de papier que vous voulez faire de chasses ; prenez le Cilindre sur lequel vous avez moulé vos Pots : posez votre quarré de papier sur l'un de ses bouts ; & en le maniant & pressant dessus, faites-lui prendre la forme Cilindrique·

La composition dont on se sert pour faire les chasses est,

	Liv.	onc.	gros.
Relien.	1.	0.	0.
Aigremore. . . .	0.	4.	0.

Mettez-en dans chacun des papiers à-peu-près la hauteur de huit à neuf lignes sans être foulée, ou la septieme partie de la pesanteur de la garniture; placez votre Porte-feu au milieu, qui est un cartouche formé de deux cartes roulées par le côté le plus étroit sur une petite baguette de fer de deux à trois lignes ; passez une Etoupille dedans & l'y arrêtez par les deux bouts avec de l’Amorce ; cette Etoupille doit excéder le cartouche d’environ huit lignes de chaque côté. Ayant donc posé votre Porte-feu dans le sac à Poudre, faites joindre le papier tout autour en l’aplatissant sur la composition, ensorte qu’il conserve sa forme ronde, & ait à-peu-près celle d’un Champignon ; liez-le sur le Porte-feu avec du fil, & rognez le papier qui excede la ligature ; faites entrer votre chasse dans le Pot, le Porte-feu le premier ; & comme elle n’y entre que bien juste, enfoncez-la avec une baguette un peu moins grosse que celle à rouler, qu’on appelle le Repoussoir : si le Porte-feu n’enfile pas bien droit le trou de l’étranglement du Pot, redressez-le avec un Poinçon ; & lorsqu’il est bien vis-à-vis, enfoncez hardiment la chasse jusqu’à ce qu’elle joigne le fond du Pot ; après quoi liez bien ferme l’étranglement, de maniere que la ficelle, en la faisant passer sur chaque angle du carton qui excede l’étranglement, embrasse le Porte-feu pour le lier & unir au cartouche ; entortillez-la autour d’un petit bâton que vous tiendrez dans votre main pour la mieux serrer, & terminez votre ligature par le nœud de l’Artificier. Prenez ensuite un long Poinçon fort menu & aigu, que l’on appelle Pique-Chasse ; piquez-en le sac à Poudre de sept ou huit petits trous, répandez un peu de Poussier dessus, & placez-y vos sept Lardons : mettez avec le Poussier

un tampon de papier chiffonné deſſus, crainte
qu'ils ne ſe dérangent ; puis fermez le Pot
avec un rond de papier double collé & bor-
dé d'une bande ; collez-en auſſi une ſur la ligature de l'étranglement. Vos Pots en cet
état ſont prêts à être poſés ſur le Brin, qui
eſt le nom que les Artificiers donnent à une
barre de bois préparée pour les porter. En la
ſuppoſant de ſix pieds de longueur, donnez-
lui deux pouces & demi de largeur ſur deux
pouces d'épaiſſeur ; percez des trous de cinq
à ſix lignes de diametre ſur ſa largeur pour y
placer les Pots, en faiſant entrer le Porte-feu
dedans, & à telle diſtance les uns des autres
qu'il n'y ait entre chaque Pot, que trois ou
quatre lignes d'intervalle ; donnez à ces trous
dix lignes de profondeur, faites une rainure
demi-ronde par deſſous la barre, à pouvoir
coucher dedans un Porte-feu de carte, ſans
qu'il déborde ; percez enſuite des petits trous
de deux à trois lignes de diametre qui communiquent de la rainure dans les grands trous,
& il eſt fait.

Il y a deux façons de le garnir, l'une pour
faire partir les Pots tous à la fois, & l'autre
que l'on appelle à Ordonnance, pour qu'ils
ne partent que l'un après l'autre.

Pour la premiere, commencez par poſer
une Etoupille dans la rainure & l'arrêtez ſur
chacun des petits trous avec un peu d'Amorce :
collez une bande de papier ſur la rainure &

fur fes ouvertures dans les bouts , enforte qu'elle foit renfermée , & qu'il faille crever le papier lors qu'on voudra y donner feu. Retournez votre Brin du côté des grands trous, mettez une pincée de Pouffier dans chaque, & en frappant contre , faites qu'il tombe dans les petits qui y communiquent : mettez un peu de colle forte fur les Porte-feux de vos Pots , & les placez dans les trous où ils doivent entrer bien jufte ; s'ils forcent trop , ôtez un peu de leur épaiffeur avec le petit Couteau d'Artificier , qui eft une efpece de grand Canif ; la colle étant feche , votre Brin eft en état d'être tiré.

On place les Brins fur le rebord de l'Echaffaut du feu , ou bien fur des Tréteaux , & on les y attache avec des cordes ou des cloux à chaque bout. On y donne feu par l'un des bouts ou par le milieu , en crevant le papier qui couvre la rainure.

Si vous voulez que vos Pots ne partent que l'un après l'autre , qui eft la feconde maniere de garnir les Brins ; prenez des cartouches de Lardons à deux cartes , fans être étranglés , rognez-les à la longueur qui convient , & les chargez de compofition de Fufées volantes , qui brûle lentement à caufe de la petiteffe du cartouche ; étoupillez-les par les deux bouts, & les collez avec de la colle forte dans la rainure entre chaque trou , fur lequel vous arrêterez leur Etoupille avec de l'Amorce.

Collez une bande de papier fur la rainure, &
du refte faites comme il eft dit ci-deffus.

Après que vos Pots ont tiré, ayez-en foin ;
ils vous ferviront encore très-long-tems : vous
les ôterez de deffus le Brin ; & en les tirant un
peu fort , ils fe fépareront du Porte-feu qui
reftera collé dans le trou!, & que vous en re-
tirerez en verfant de l'eau tiede deffus qui
fondra la colle.

Il y a des Artificiers qui fe fervent de Porte-feux de bois, qui durent auffi long-tems que
le Pot auquel ils reftent toujours attachés.
Lorfque l'on en fait ufage , il faut lier une
Etoupille dans le fac à Poudre & lui laiffer affez
de longueur pour la paffer dans le Pot & Porte-feu avant la chaffe, que vous pouffez après
au fond du Pot ; puis vous coupez l'Etoupille
à huit ou neuf lignes au-deffous du Porte-feu.

CHAPITRE XII.

DES SAUCISSONS VOLANS.

Pl. 4.
Fig. 7. & 9.

MOulez des cartouches de fix lignes de
diametre intérieur & de quatre pouces
& demi de haut; étranglez-les à deux pouces ;
paffez une longue Etoupille dans le cartouche
à travers le trou de l'étranglement; pofez votre cartouche du côté le plus court fur un Culot

fait exprès, dont le Cilindre, qui n'a que six lignes de diametre & qui se termine en demi
rond, entre juste dans cette partie de la Fusée,
& ait assez de longueur pour que l'étranglement porte dessus ; chargez-le à petite charge de la composition en Poudre pour les
Lardons ; & à chaque charge prenez l'Etoupille qui enfile le cartouche & la tournez en
rond sur la composition, en sorte que, quand
le Saucisson sera chargé, l'Etoupille renfermée dans la composition ait une forme spirale ; laissez-la déborder d'un demi pouce, &
amorcez votre Saucisson sans l'étrangler.
Quand l'Amorce est bien seche, remplissez l'autre partie de Poudre grainée avec un tampon
par dessus & l'étranglez ; l'Etoupille, qui passe
dans la gorge & qui communique à la Poudre, servira à y donner feu : couvrez ensuite
d'un rang de ficelle bien collée cette partie
qui renferme la Poudre.

Vos Saucissons ainsi chargés, mettez-les
dans des Pots proportionnés à leur grosseur,
& qui ayent deux fois & demi leur longueur
pour le moins ; on n'en met ordinairement
qu'un dans chaque Pot sur une chasse ; ces
Pots doivent être arrangés & disposés sur
un Brin, comme il a été dit pour les Pots-à-
feu.

Leur effet est de vriller en montant en
l'air, & de terminer leur vol par un grand
coup. Ce mouvement spiral leur est donné

par l'Etoupille contournée: on peut, pour varier le Spectacle, en mettre alternativement un qui vrille, & un autre qui monte droit, étant chargé sans Etoupille.

CHAPITRE XIII.

DES POTS A AIGRETTES.

Tournez un rond de bois de neuf pouces de diametre & de deux pouces & demi d'épaisseur ; partagez cette épaisseur en deux parties égales, conservez à l'une son diametre, & réduisez l'autre à six pouces, comme les Fig. 5. & 6. Pl. 4. le représentent. Moulez sur un Cilindre de pareille grosseur, c'est-à-dire de six pouces, un cartouche de gros carton de huit feuilles, appellé *Carte en huit* ; donnez-lui six à sept lignes d'épaisseur, & environ quinze pouces de hauteur. Après qu'il est bien sec, collez-le de colle forte, & le clouez sur le rond de bois qui lui sert de pied ; chargez un Jet en brillant, qui étant placé dans le Pot en excede le bord de quatre à cinq pouces ; prenez une feuille de papier, & moulez un sac à Poudre sur le Cilindre de six pouces, comme il a été dit pour les Pots-à-feu ; mettez-y de la composition des chasses à-peu-près la pesanteur de la douzieme partie de la garniture, ou environ l'épaisseur de quatre lignes sans être foulée ; posez votre Jet au milieu & liez la chasse dessus en lui conservant sa rondeur ; placez ensuite votre chasse au fond du Pot ; piquez-la de plusieurs trous, répandez du Poussier dessus, & arrangez vos Lardons ou Serpenteaux brochetés, autour du Jet, autant qu'il en pourra tenir dans le Pot. Mettez quelques chiffons de papier dessus pour les maintenir, après quoi, prenez un morceau de carton & tracez deux ronds dessus, l'un du diametre interieur, l'autre du diametre extérieur du Pot ; rognez ce qui excede ce dernier ; & quant au premier donnez six coups de ciseaux dedans qui le divisent en six parties, & qui en donnant passage au Jet, se relevent contre : couvrez votre Pot avec ce rond de carton, & faites-le bien joindre dessus & contre le Jet, en y collant des bandes de papier brouillard ; bonnetez-le ensuite, pour qu'il ne parte que quand vous le jugerez à propos.

Si l'on veut rendre les Pots plus forts, il faut les couvrir d'un rang de corde bien collée.

Le rebord d'un pouce, que l'on a laissé au pied du Pot, sert à lui donner une base plus large pour qu'il risque moins de se renverser ; il sert aussi à y percer des trous, lorsqu'on le tire sur un plan incliné, ou qui n'a pas la largeur convenable, pour l'y pouvoir clouer.

CHAPITRE XIV.

DES TROMPES.

Pl. 5.
Fig. 3.
UNe Trompe est un assemblage de plusieurs Pots-à-feu, les uns au-dessus des autres, & qui partent successivement ; de maniere que le premier en jettant sa garniture donne feu à la composition lente du Portefeu du second , & ainsi des autres. On en fait à autant de reprises que la longueur du Fourreau en peut contenir : mais communément à cinq ou six.

Les Trompes sont peu en usage dans les Feux de terre ; on n'en fait gueres que pour les tirer à la main & s'amuser à diriger leur garniture où l'on veut. Mais on les employe beaucoup dans les Feux sur l'eau , soit pour faire vomir du feu à un Monstre marin , soit pour en former ce qu'on appelle des Barils de Trompes : en voici la description.

Moulez un fort cartouche de deux pouces de diametre intérieur, de trois à quatre lignes d'épaisseur, & de vingt pouces de long, qui est la largeur de la *carte en cinq*. Ce cartouche s'appelle le Fourreau de la Trompe. Montez-le, si c'est pour tirer à la main, sur un pied de bois tourné , qui entre dedans d'un pouce & demi,

& sur lequel vous le collez & clouez. Moulez cinq Pots-a-feu de carton à trois feuilles roulé simple, d'un calibre à pouvoir entrer juste dans le Fourreau, & qui étant étranglés, n'ayent que la hauteur des Lardons, dont vous voulez les garnir. Moulez quatre cartouches de carton du même diametre que les Lardons, & de sept à huit lignes plus longs. Moulez-en un cinquieme à qui vous donnerez une demie longueur de plus ou environ. Chargez les quatre premiers Porte-feux sans les étrangler, en feu commun, ou composition de Fusées volantes, pour qu'ils durent plus long-tems : quant au cinquieme, vous pouvez l'étrangler par un bout & le charger en brillant, comme un Jet. Mettez-leur à tous de l'Etoupille & de l'Amorce à l'un des bouts, & y attachez un Pot, comme vous feriez sur une Fusée volante, à l'exception du plus long qui n'en doit pas porter : liez une chasse à chacun des cinq à l'autre bout, & la piquez ; puis prenez des Lardons, arrangez-en six en rond sur la chasse ; & autour de chaque Porte-feu, & les attachez dessus avec un fil que vous couperez en les plaçant dans le Pot.

Il vous reste un Pot qu'il faut étrangler entierement & sans y réserver de trou : l'ayant lié, coupez ce qui excede la ligature, & frapez quelques coups de Maillet dessus, pour la mettre à l'uni, & que rien ne déborde. Ce Pot est le premier qu'il vous faut garnir.

Mettez dedans une des cinq pieces qui doivent former votre Trompe, qui eſt compoſée , comme je le viens de dire & qu'il
n'eſt pas inutile de répéter , d'un Porte-feu ,
d'une chaſſe liée à l'un de ſes bouts, d'un Pot
lié ſur l'autre , & de ſix Lardons attachés autour avec du fil qui doivent le remplir exactement. Couvrez-le de papier collé , de maniere que le feu du ſecond Pot ne puiſſe lui
être communiqué que par le Porte-feu ; l'eſpace d'environ un demi pouce, qui eſt entre
deux , eſt réſervé pour vous en donner la facilité. Couvrez enſuite ce même eſpace avec
une bande de papier un peu large, qui joigne
le premier Pot au ſecond & forme une conti-
nuité ; répandez un peu de Pouſſier dans le
ſecond Pot ſur le bout du Porte-feu qui communique au premier, pour en rendre l'effet plus
certain ; puis y poſez la ſeconde garniture,
compoſée des mêmes pieces que la premiere ,
que vous couvrirez de même : & ainſi des autres, en obſervant que le grand Porte-feu doit
être mis le dernier. La Trompe étant ſeche,
placez-la dans le Fourreau , & le fermez avec
un rond de carton , coupé dans le milieu pour
faire paſſer le bout du Porte-feu, comme pour
les Pots à Aigertes , & le collez bien deſſus.
Votre Trompe alors eſt en état d'être tirée:
l'effet en ſera plus beau, ſi chaque repriſe donne une garniture différente. Vous pouvez y
employer les Serpenteaux brochetés , les Lar-

dons, les petits Saucissons volans, la Pluye de feu, & même les Etoiles.

Dans les feux d'Artifice que l'on fait en petit pour tirer dans une chambre, & que l'on entremêle quelquefois dans un dessert, il ne faut point oublier les petites Trompes ausquelles on donne la forme d'une Bougie, en les trempant dans de la Cire fondue, dont un bout de Coton, trempé moitié dans la Poudre mouillée, & l'autre moitié dans de la Cire fondue, forme la meche & sert en même tems d'Etoupille pour allumer le premier Porte-feu. On les sert toutes allumées sur des chandeliers, & elles ne tardent pas à faire leur effet, qui surprend agréablement & sans aucun danger.

CHAPITRE XV.

DES BALLONS D'AIR, DES MORTIERS POUR LES JETTER, ET DES GRENADES D'ARTIFICE.

PREMIERE ESPECE.

LE Ballon est une imitation de la Bombe, & se jette de même avec un Mortier, soit de métal comme ceux dont on se sert à la guerre, soit de bois ou de carton.

Les Ballons les plus en ufage, & en même tems les plus faciles à exécuter, font entierement de carton. Moulez-les fur un rouleau de bois, & les étranglez comme un cartouche ordinaire; donnez-leur un diametre d'un quart de hauteur, non compris ce que l'étranglement emporte; réfervez, en les étrangl ant, un trou pour y placer un Porte-feu, qu'il faut y coller avec de la colle forte.

Ne donnez pas trop d'épaifleur à votre cartouche, afin de pouvoir l'étrangler. Après que la garniture eft dedans, trois feuilles de *carte en cinq*, ou quatre au plus, fuffiront pour former un Ballon de fix pouces de diametre.

Votre Ballon étant étranglé & garni de fon Porte-feu, rempliffez-le d'un mélange de différentes efpeces d'Artifice, comme Serpenteaux, Etoiles, Marons, Lardons & autres. Répandez parmi autant de la compofition des chaffes des Pots à feu, qu'il eft néceffaire pour le crever & donner feu à la garniture. Mettez un bon tampon de papier chiffonné deffus, pour qu'elle ne balotte pas, & l'étranglez le plus ferré que vous pourrez.

On en fait auffi d'exactement ronds, en moulant deux hémifpheres, de pâte de papier, ou ce qui eft encore mieux, de. morceaux de papier collés fur une boule de bois frottée de Savon, comme il fera dit dans le Chapitre des Globes.

Pl. 4.
Fig. 1. & 2. Vous n'avez pas befoin d'autre Mortier

pour jetter cette espece de Ballon que d'un Pot
à Aigrette bien fort, d'un quart plus long
qu'on ne les fait pour jetter des Serpenteaux,
& couvert d'un rang de corde collée; il doit
être percé au milieu, avec une rainure par dessous, pour y placer une Etoupille dont un
bout est renfermé dans le sac à Poudre, qui
sert à y donner feu. Faites la chasse de *Relien*
& lui donnez la pesanteur de la dix-huitieme
partie du Ballon: l'ayant placée au fond du Pot,
crevez-la au milieu pour faire entrer la Fusée
du Ballon dedans, qui doit être extérieurement
fort courte, afin qu'il porte sur la chasse:
l'ayant donc posé dessus, mettez-le un peu en
serre avec quelques chiffons de papier, pour
que la Poudre fasse plus de résistance.

Vous pouvez, si cela vous est plus commode,
y donner feu par en haut: vous n'avez qu'à
retourner votre Ballon, afin que la Fusée re-
regarde l'embouchure, & coller dessus une
Etoupille, qui communiquera à la chasse le
feu que vous y donnerez.

L'effet de votre Ballon sera de montrer une
petite étincelle, qui s'élevera rapidement, &
qui éclatant avec bruit, remplira l'air de différentes especes de feux qu'une si foible lueur
ne sembloit pas promettre.

SECONDE ESPECE.

FAites tourner un hémisphere de bois, comme la Fig. 2. Pl. 5. le repréfente, avec un trou au milieu pour y placer un Porte-feu bien collé, & une entaille dans fa circonférence, pour recevoir un Cilindre de carton bien fort ou de bois, que vous y attacherez avec de la colle & des cloux. Garniffez - le avec trois Ballons de carton, comme ceux qui viennent d'être décrits, dont la Fufée foit promte, craintequ'ils ne retombent trop bas. Rempliffez les interftices de Lardons, Etoiles & autres garnitures, avec du *Relien*, pour y donner feu & crever le Ballon : couvrez-le enfuite avec un rond de bois qui entre dedans & foit retenu par un rebord de l'épaiffeur du cartouche, fur lequel vous le collerez & clouerez, de maniere qu'il faffe affez de réfiftance pour que le feu rompe le tout avec bruit. Telle eft l'ancienne maniere de les garnir, en voici une plus nouvelle.

TROISIEME ESPECE
Appellée Caiffe Aërienne.

Pl. 3.
Fig. 5.

PRenez une Fufée volante garnie, & y attachez en place de la baguette une pierre de même pefanteur au bout d'une corde, à la quelle laquelle vous donnerez six fois la longueur de votre Fusée : garnissez - en ainsi autant qu'il en peut tenir dans votre Ballon , & les y placez sur du Poussier , prenant garde que les cordes ne se mêlent , ce qu'il est facile d'éviter , en les roulant sur les pierres qui y sont attachées : posez le couvercle dessus , & ne le collez qu'avec des bandes de papier & de la colle de farine , ensorte qu'il puisse céder facilement. Lorsque les Fusées prendront feu , elles sortiront comme d'une caisse & monteront droit en l'air , de même que si elles étoient sur des baguettes , & formeront un spectacle d'autant plus beau que l'on ne s'attendra pas qu'un Ballon doive le produire.

Les cordes doivent être assez grosses pour que les Fusées puissent achever leur vol avant que le feu les ait brûlées

---

QUATRIEME ESPECE.

Ballon qui doit servir de Mortier pour en jetter un second , & le second un troisieme.

FOrmez un Ballon pareil au précédent avec cette différence , qu'il faut creuser une chambre au milieu de l'Hemisphere de bois , pour contenir de la Poudre : préparez de même un second Ballon qui puisse entrer dans le premier & laisser un entre-deux à pou-

voir y placer un rang de gros Lardons. L'ayant
donc pofé fur la chambre du premier rem-
plie de Poudre, & vos Lardons étant arrangés tout autour fur du Pouffier, préparez un
troifieme Ballon de carton, comme celui de
la premiere efpece & garni de même ; placez-
le dans le fecond fur la chambre avec des Serpentaux brochetés autour ; fermez-le avec
un couvercle de bois, qui ait un rebord de
l'épaiffeur du cartouche pour l'empêcher d'enfoncer dedans, lequel vous ne ferez fimplement que coller deffus avec des bandes de papier, pour qu'il puiffe céder à l'effort de la
Poudre ; & vous fermerez de même le premier Ballon qui contient les deux autres.

Ces fortes de Ballons fe jettent avec un
Mortier de guerre à chambre droite, que l'on
charge de Poudre d'une trente-fixieme partie
de la pefanteur du Ballon : mais comme cette
quantité ne fuffiroit pas pour en remplir la
chambre, on fait un Cilindre de bois ou de
carton qui la remplit exactement, & dont l'intérieur contient jufte ladite quantité de Poudre ; on y perce une lumiere qui répond à
celle du Mortier. Lorfque la Fufée du Ballon
n'eft pas pofée fur la Poudre & qu'on lui donne feu par l'embouchure du Mortier, on peut
fe paffer d'en rétrécir la chambre ; une groffe
boure que l'on y met acheve de la remplir.
Les Mortiers dont la chambre eft concave ou
faite en poire ne peuvent fervir que dans

ce cas, n'étant pas poffible de rétrécir fa cavité.

Pour jetter ces Ballons, il faut choifir un
endroit où l'on foit bien fûr que perfonne ne
puiffe être bleffé par leur chûte, tel qu'eft le
bord d'une grande riviere, ou une plaine bien
découverte, & incliner le Mortier de quelques dégrés pour que celui qui le tire ne cour-
re pas le même danger. Ceux de la premiere efpece peuvent être tirés par tout, & le Mortier être perpendiculaire : c'eft la pofition la
plus avantageufe pour le bel effet des Ballons,
lorfqu'il n'y a rien à craindre de leur chûte ;
la Poudre agit deffus plus vivement étant
comprimée par toute leur pefanteur, & les
porte plus haut à proportion.

On fe fert auffi de Mortiers de bois, liés de
cercles de fer, il faut en faire la chambre
des trois quarts plus petite que celle d'un
Mortier de guerre de pareil diametre, & lui
donner d'ailleurs les mêmes proportions. La
chambre doit être doublée de tolle, pour empêcher que le feu ne la brûle : on y fait un
trou qui communique à la lumiere, dans laquelle, pour la même raifon, on place un petit tuyau de fer retenu deffus avec deux vis
en bois.

Si l'on veut le monter fur un Affut, il faut
laiffer affez d'épaiffeur à la culaffe, pour y
enclaver une piece de bois, dont on formera les Tourillons ; finon on lui donnera
H ij

une surface platte, afin qu'il puisse se tenir droit.

Je m'en suis fait un d'une nouvelle espece, avec lequel je jette mes Ballons en toute sûreté, ayant éprouvé qu'il pouvoit porter, sans crever, deux fois plus de poudre que sa charge ordinaire, & dont on pourroit dans certains cas faire usage à l'Armée, soit pour jetter des Grenades, soit pour en former des pieces de Canon de campagne dans le même genre, qui seroient d'une grande facilité à transporter.

Ce Mortier est composé de sept pieces de bois de Chesne, dont six partagent également sa circonférence d'un bout à l'autre, & qui réunies autour de la culasse qui fait la septieme, & entourées de plusieurs rangs de corde retenus à chaque bout par une moulure ou rebord, forment un Mortier dont l'ame & la chambre sont entaillées dans chacune de ces pieces, à l'une desquelles il y a intérieurement une rainure de deux lignes & demie en quarré, qui sert à y placer une Étoupille couverte d'une bande de papier, qui communique à la chambre pour y donner feu par en haut, & pour que le feu n'agisse point sur l'interieur du Mortier. Je le frotte de tems en tems avec une Gomme composée d'Alun de plume & de Gomme de Cerisier, parties égales, dissoutes dans du Vinaigre sur des cendres chaudes.

. Ce Mortier eſt repréſenté Pl. 13. Fig. 4.
& 5. Il eſt ſenſible que le feu n'agiſſant que
ſur des parties ſéparées, dont chacune lui pré-
ſente une petite ſurface, a bien moins de force
pour les rompre, & que n'étant liées qu'avec
de la corde, qui, quoique ſerrée, conſerve
un certain reſſort,elles prêtent à l'effort du feu.
Par cette raiſon le Mortier & le Canon augmenteront de force à proportion du plus
grand nombre de parties dont ils ſeront compoſés.

Les Fuſées des Ballons, & tous les Porte-
feux en général, doivent être eſſayées avant
d'en faire uſage, pour connoître les proportions que doivent avoir le cartouche pour la
longueur, & la compoſition pour la force.
Ainſi ne manquez pas avant de garnir vos
Ballons d'en eſſayer un chargé de terre de la
même peſanteur que la garniture qu'il doit
porter. Un Maron ou un Sauciſſon que vous
attacherez au bout de la Fuſée vous avertira
de ſa fin, & une autre Fuſée de compoſition
de Lance qu'il portera, vous fera remarquer
s'il monte, ou s'il deſcend, après que le Porte-
feu à fait ſon effet. Vous ſerez alors en état
de juger s'il eſt bien proportionné, & ſi la
la quantité de Poudre que vous avez mis dans
le Mortier eſt ſuffiſante : on ne peut gueres le
fixer bien juſte, étant ſujette à varier ſuivant ſa qualité & la forme du Mortier.

Les cartouches de ces Fuſées, ou Porte-feux,
H iij

font faits de cartes à jouer, ou de carton, fuivant leur groſſeur ; ils ne doivent point être étranglés : on les charge communément de compoſition de Fuſées volantes, ou de poudre ralentie avec du charbon , autant qu'il eſt néceſſaire pour leur donner le dégré qui convient. On les charge ſans moule en les tenant appuyées par un bout ſur quelque choſe de ſolide : il faut les fraper le plus également qu'il eſt poſſible d'un pareil nombre de coups, lorſqu'ils doivent avoir la même durée , & les amorcer par les deux bouts , tant pour retenir la compoſition que pour y donner feu.

Les Grenades d'Artifice ſont de petits cartouches ronds , faits de pâte de papier comme les globes de feu , ou de carton, moulés ſur une groſſe baguette, auxquels on donne un diametre de hauteur ; garniſſez-les de petits Lardons de papier, & de petites boules formées de pâte d'Etoiles & roulées ſur du pouſſier pour leur ſervir d'amorce. Mêlez parmi, de la compoſition des chaſſes pour rompre le cartouche avec bruit & leur donner feu : les Hemiſpheres étant rejoints percez le globe, & y plaçez un petit porte-feu collé de colle forte.

Ces Grenades peuvent êtres jettées à la main, ayant un gand pour ſe garantir d'en être brûlé ſi elles venoient à crever, ce qui peut arriver ſi la Fuſée eſt mal jointe au car

touche, ou si la composition est trop promte. Je me suis quelquefois beaucoup amusé
à en jetter avec une fronde : on peut aussi
en garnir des Pots-à-feu.

CHAPITRE. XVI.

DES CAISSES.

Les Caisses servent à faire partir plusieurs
Fusées volantes à la fois. On les place
dedans sur une planche percée de trous à
égale distance, & proportionnés à la grosseur des baguettes, comme la Caisse doit l'ê-
tre à leur longueur, ensorte que les Fusées y
soient entierement renfermées : cette planche percée s'appelle la grille. On la couvre
de papier, que l'on perce avec les baguettes
en plaçant les Fusées dedans ; ce papier sert
à retenir du poussier ou quelque composition
vive que l'on répand dessus, pour que le feu
se porte partout en même-tems. Les Artificiers mettent à part les ballayures des tables
sur lesquelles ils travaillent, dont ils se servent pour amorcer leurs Caisses, en y ajoûtant du poussier, si ce mélange de différentes compositions n'est pas assez vif. On la ferme après qu'elle est garnie, avec un couvercle
de bois, de crainte que le feu ne s'y insinue,

lequel on ouvre lorsqu'il s'agit de la tirer ; il y est ordinairement attaché avec des charnieres ou couplets de fer.

Il suffit pour les petites de coller ou de lier une feuille de papier dessus ; s'il se trouve quelque endroit où le bois soit mal joint, il faut aussi y en coller des bandes. Les grosses Caisses doivent être ferrées aux angles, pour résister à la violence du feu qui pourroit les faire entre-ouvrir. On leur donne la forme quarrée comme étant plus commode pour diviser la grille en parties égales, & pour sçavoir d'un coup d'œil ce qu'elle peut contenir de Fusées, en multipliant un côté par l'autre. On les fait ordinairement de sapin, qui étant leger en rend le transport plus facile.

On appelle Caisse de campagne une simple grille qui n'est point renfermée dans une Caisse. On s'en sert au défaut des autres : l'effet en est le même ; mais il semble moins beau, parce que l'Artifice est à découvert. On cloue chaque grille sur un pieu planté dans terre, & on les éloigne assez les unes des autres, pour que le feu ne puisse pas s'y communiquer.

Une grande Caisse est toujours ce qu'il y a de plus beau dans un Feu : elle remplit l'air d'une quantité prodigieuse de différentes especes de feux. Les plus belles qui ayent été tirées, sont celles que Paris a vues à la Conva

lefcence du Roi en 1721, & au Mariage de
Madame de France en 1739, qui contenoient
chacune douze-cens Fufées de différentes
groffeurs , depuis quatorze lignes jufqu'à
trente.

La principale Caiffe d'un Feu s'appelle la
Girande ; c'eft ordinairement par elle que
l'on termine le Spectacle. On nomme ainfi
une Caiffe de huit à dix mille Fufées qui termine le Feu de S. Pierre à Rome , & c'eft
d'où en eft venu le nom ; mais comme on
eft obligé de les tenir fort petites , à caufe
de la grande quantité,elle ne fait pas, dit on,
un plus bel effet que les nôtres.

On peut faire une Girande en uniffant plufieurs Caiffes, & en mettant une Etoupille
de communication de l'une à l'autre , pour
que le tout parte en même tems.

CHAPITRE XVII.

DES SOLEILS MONTANS OU
TOURBILLONS DE FEUX.

PRenez un cartouche d'épaiffeur ordinaire bien étranglé , frapez dedans un tampon fur un culot fans broche , chargez-le de
compofition de Fufées volantes , & le frapez
de quinze à vingt coups de maillet à chaque

Pl. 5.
Fig. 4.

charge suivant sa grosseur : fermez-le avec un tampon, & rendoublez une partie du carton pour avoir plus de facilité à étrangler le reste ; l'ayant bien étranglé & lié, retranchez avec des ciseaux ce qui excede la ligature ; il doit en cet état avoir six diametres extérieurs entre les deux étranglemens. Divisez sa circonférence en quatre parties égales, & tirez dessus quatre lignes paralelles d'un bout à l'autre : trois de ces lignes servent à indiquer la position des trous, & la quatrieme pour en faciliter la division. Je l'appelle la ligne supérieure ; celle opposée, la ligne de dessous, & les deux autres, les latérales. Percez un trou dans ces dernieres à chaque bout de la Fusée, l'un à droite & l'autre à gauche, à un demi diametre extérieur de l'étranglement ; percez-en quatre autres sur celle de dessous à égale distance, & qui partagent la longueur de la Fusée entre les deux étranglemens en cinq parties égales. Ces six trous doivent être percés avec un poinçon à arrêt, qui ait la grosseur d'une sixieme ou d'une cinquieme partie au plus du diametre intérieur du cartouche. Emplissez les trous de poussier, puis placez une Etoupille de communication sur les quatre de dessous que vous collerez sur chaque avec un peu d'amorce ; posez-en une seconde qui communique d'un trou lateral à l'autre, & les couvrez toutes deux de papier collé. Prenez

un petit baton d'osier de la longueur de votre
Fusée, fendez-le en deux, faites une coche
ou entaille au milieu de l'une de ces moitiés, & l'attachez avec un fil de fer ou de
léton en croix & au milieu des quatre trous;
l'entaille sert à loger l'Etoupille qui passe dessus, qui empêcheroit la baguette de joindre
contre la Fusée : elle est liée de fil de fer
pour résister au feu qui brûleroit une ficelle;
& son effet est de maintenir la Fusée dans la
situation où elle doit être pour s'élever droit;
sans cela elle pourroit rouler en prenant feu :
& les quatre trous, qui servent à l'élever par
la pression de l'air qui fait effort pour y entrer à mesure qu'ils se vuident de matiere enflamée & d'air dilaté, se trouvant dessus ou
à côté, & les trous latéraux, qui servent à
lui donner le mouvement de rotation, étant
de même déplacés, la Fusée ne feroit alors
d'autre effet que de jetter du feu, & de s'a-
giter au hazard.

On peut leur faire porter une petite garniture, & voici comment. Placez dans deux
cartouches fort minces même pésanteur de
Serpentaux ou Etoiles, avec assez de poussier
pour les faire crever ; percez la Fusée de chaque côté dans le milieu, & en place de la
baguette collez-y vos deux cartouches : lorsqu'elle finira, le feu, qui sortira par ces trous
qui répondent à la garniture, lui donnera feu.

TROISIEME PARTIE

*Des Feux qui ont leur effet
sur terre.*

CHAPITRE. PREMIER.

DES LANCES A FEU.

Pl. 4.
Fig. 4.

LEs Lances servent à éclairer les Feux d'Artifice, dont on les borde, & pour donner feu aux différentes parties qui les composent.

Leur composition est la même que celle des Etoiles, sçavoir,

	liv.	onces.	gr.
Salpêtre.	1.	0.	0.
Soufre.	0.	8.	0.
Poussier.	0.	4.	0.

Formez-en le cartouche, comme il est dit dans le Chapitre du moulage ; donnez-lui un pied & demi de longeur ou environ sur cinq lignes de diametre intérieur ; frappez de-

dans un tampon pour boucher le trou de l'é-
tranglement. Ayez trois baguettes pour le
charger, la premiere jufqu'au tiers, une plus
courte jufqu'aux deux tiers, & une petite pour
achever : frappez la compofition de douze à
quinze coups avec une palette, ou un maillet,
de groffeur proportionnée, en tenant le cartouche dans votre main, fans vous fervir de
moule ni de culot ; après qu'il eft chargé,
mettez-y une Etoupille & la couvrez d'A-
morce.

La bonté & la propreté d'une Lance confifte à être chargée bien ferme, & que le cartouche ne faffe aucun pli.

Lorfque vous voulez en border un feu,
ne les rempliffez pas entierement de compofition ; réfervez environ un pouce pour les
placer fur un pied de bois qui entre & eft
collé dedans, lequel eft applati par l'autre
bout & percé de deux trous pour le clouer.
Coupez l'étranglement & y mettez une Amorce ; clouez-les enfuite fur des barres, à la
diftance de quatre à fix pouces ; puis mettez
une Etoupille de communication de l'une à
l'autre, & la collez fur chaque avec un peu
d'Amorce. Proportionnez vos barres à la longueur de chaque face du feu ; fi elle a vingt-
quatre pieds, il faut leur donner fix ou douze pieds, afin que deux ou quatre la gar-
niffent ; des pattes coudées, que vous clouerez dans la charpente, ferviront à les foutenir.

Si vous voulez attacher un Sauciſſon à vos Lances ; pour qu'elles finiſſent par un grand coup, comme ileſt aſſez ordinaire de le faire ; rempliſſez de pouſſier un petit tuyau de plume, faites-en entrer un bout dans le Sauciſſon, percé pour le recevoir, & l'autre bout dans la Lance que vous percerez un peu au-deſſus du morceau de bois qui lui ſert de pied ; joignez bien l'un à l'autre & couvrez la jonction, de bandes de papier collé.

Les Lances ſervent auſſi à former des deſſeins, comme Fleurs-de-lis & autres qui ornent bien un Feu. Lorſque le deſſein en eſt tracé ſur des planches diſpoſées à cet effet, percez-y des trous fort proche les uns des autres & y collez vos Lances ; tournez un fil de fer autour de chaque environ aux deux tiers de leur longueur, qui les lie l'une à l'autre & empêche qu'elles ne ſe dérangent. Ayez ſur-tout attention à les bien amorcer & poſer de bonne Etoupille bien vive de l'une à l'autre, pour que le feu ſe porte partout dans un inſtant.

On peut donner une odeur fort agréable au feu des Lances, en mettant une once de Benjoin ſur la livre de compoſition ; on le broye doucement avec du Soufre.

CHAPITRE II.

DES GLOBES DE FEU.

CEtte sorte d'Artifice est une pâte faite de la composition des Lances, renfermée dans un cartouche rond percé de plusieurs trous, par lesquels sort un feu fort vif & fort clair.

Les cartouches ronds sont faits de pâte de papier. Pour former cette pâte, faites tremper dans de l'eau des rognures de papier & de carton, remuez-les de tems en tems, & quand elles seront bien dissoutes & en pâte, tirez-la de l'eau & l'égoutez bien, détrempez-la ensuite dans de l'eau gommée pour vous en servir.

Ayez une boule de bois de la grosseur dont vous voulez faire votre Globe; frottez-la bien de Savon & la couvrez de cette pâte, de l'épaisseur dont vous voulez faire le cartouche; pressez-la avec une éponge pour lui faire prendre corps & en tirer l'humidité ; laissez-la bien sécher, alors vous couperez le Globe par le milieu, qui étant détaché de la boule formera deux Hémispheres : le savon dont vous l'avez frottée, fait qu'ils s'en détachent aisément.

Lorſque vous voudrez mouler des Globes pour imiter les Bombes , comme ils doivent être très-forts pour réſiſter à l’impulſion de la Poudre du Mortier , formez-les en collant ſur votre boule des morceaux de papier en différens ſens , de l’épaiſſeur qu’il convient , qui eſt ordinairement d’un douzieme de ſon diametre ; ou bien ayez un Hémiſphere creux & un autre plus petit & plein pour ſervir de noyau , entre leſquels vous mettrez une épaiſſeur convenable de papier collé , auquel vous ferez prendre la forme du moule en le mettant en preſſe.

Pour en revenir à nos Globes de feu , dont les cartouches m’ont un peu écarté , rempliſſez vos Hémiſpheres de ladite compoſition détrempée avec de l’eau , comme pour former des Etoiles ; rejoignez-les enſuite avec de la colle forte & collez ſur la ſciſſure pluſieurs bandes de papier avec de la colle de Farine , & lorſque votre Globe ſera ſec , percez-le de pluſieurs trous dont le nombre & la largeur doivent être proportionnés à ſa groſſeur , & collez avec de l’Amorce une Etoupille de communication d’un trou à l’autre.

La place de ces Globes eſt ſur les coins d’un Feu & ſur des Pilaſtres & Obéliſques , lorſqu’il en entre dans ſa compoſition ; on les y fait tenir en les piquant ſur une pointe de fer. On peut placer un Maron au milieu pour terminer leur effet , lorſqu’ils ſeront placés

aſſez

affés haut , pour que le Maron en crevant ne puiffe bleffer les Artificiers.

Les Cartouches ronds , que l'on deftine à renfermer quelque Artifice d'air pour garnir des Fufées ou Pots-à-feu , doivent être percés pour y placer un Porte-feu. Ce trou fe fait en formant le Cartouche ; on perce un trou de pareille groffeur dans la boule & on y place une cheville qui le réferve.

CHAPITRE III.

DES FUSE'ES COURANTES
SUR DES CORDES.

PREMIERE ESPECE.

PRenez deux Fufées volantes fans garniture ni baguette ; liez-les enfemble de maniere que la gorge de l'une foit contre le Maffif de l'autre ; attachez deffus , & joignant les deux Fufées , un cartouche vuide un peu moins long & qui ne foit point étranglé; mettez un peu de colle forte fur les ligatures, pour empêcher qu'elles ne fe relâchent, & que les Fufées & le cartouche ne fe dérangent; percez un trou dans le carton rendoublé d'une de vos Fufées, placez-y une Etoupille avec de

Pl. 5.
Fig. 8.

I

l'Amorce, qui communique à la gorge de la Fusée qui la joint, & collez un papier dessus; bonnetez aussi à l'autre bout la gorge de la Fusée par où vous devez donner feu. Ayant ainsi préparé plusieurs Fusées, enfilez-les dans une longue corde, attachée par un bout à quelque chose de stable & élevée de terre d'une hauteur convenable; plantez un pieu dans terre à l'autre bout, qui tienne la corde qui doit poser dessus dans la même élévation; attachez-la près de terre à un second pieu planté à quelque distance du premier. Tenez vos Fusées dans cette partie de la corde qui est entre le premier & le second pieu, & à mesure que vous les tirez, levez la corde de dessus le pieu qui la soutient, & les faites passer dans la partie sur laquelle elles doivent faire leur vol : ce pieu sert à empêcher la communication du feu de la Fusée, qu'on allume, avec les autres, & pour l'arrêter & empêcher qu'elle ne frappe contre à son retour. La premiere Fusée ayant fait son effet, avancez-en une seconde; elle chassera devant elle le cartouche vuide de la premiere qu'elle laissera au bout de la corde, & reviendra frapper contre le pieu. Il en est de même des autres, chaque Fusée n'ayant toujours qu'un cartouche vuide à chasser devant elle; ils se trouvent tous rassemblés à l'autre bout à l'exception du dernier.

SECONDE ESPECE.

JOignez deux Fusées volantes bout-à-bout, Massif contre Massif, par le moyen d'un petit rouleau de bois que vous ferez entrer également dans les deux cartouches sur le carton rendoublé, & que vous y collerez de colle forte, de sorte que les deux extrêmités des cartouches se joignent, & qu'en collant une bande de papier dessus, le tout ne paroisse être qu'une Fusée. Pl. 6. Fig. 5.

Percez l'une des deux dans le Massif & y placez une Etoupille de communication renfermée dans un cartouche de Lance, qui viendra rendre à la gorge de l'autre Fusée que vous bonneterez. Liez un cartouche vuide dessus, & enfilez-le dans la corde, le bout bonneté le premier ; donnez-lui feu par l'autre : elle fera ses deux vols, comme celle ci-dessus.

TROISIEME ESPECE.

IL y a des cas où l'on se sert d'une Fusée de corde pour porter le feu à quelque Artifice, alors elle ne doit être qu'à un vol. On la forme avec une seule Fusée, qui porte un bout de Lance placé sur le carton rendoublé dans une petite rotule de bois qui la tient, le tout collé de colle forte. On attache un cartouche vuide deſſus, dans lequel doit paſſer la corde ; puis on place une Etoupille renfermée dans un Porte-feu, qui communique de la gorge de la Fuſée à la Lance.

QUATRIEME ESPECE.

Soleil tournant & courant ſur une corde.

FOrmez un Tourniquet de bois à deux tenons comme la Fig. 9. Pl. 5. le repréſente, percé d'un trou au milieu aſſez grand pour donner entrée à un cartouche vuide, dans lequel la corde doit paſſer. L'ayant arrêté au milieu du cartouche avec de la colle forte, prenez deux Jets chargés en brillant, dont l'étranglement ſoit bouché avec un tampon, & les collez ſur les tenons : percez à chacun trois trous par deſſous à égale diſtance, & un quatrieme à côté un peu au deſſous du tampon : rempliſſez ces trous de Pouſſier, & conduiſez une Etoupille de communication de l'un à l'autre, collée deſſus avec de l'Amorce, & couverte d'une bande de papier collé. Enfilez votre cartouche vuide dans la corde, & donnez y feu ; vous verrez un Soleil tourner deſſus en faiſant ſon vol à l'autre bout.

CINQUIEME ESPECE.

Autre Soleil tournant & courant sur la corde dont l'effet est retrograde.

PRenez une Fusée de corde de la premiere espece , & formez un Tourniquet comme celui ci-dessus, dont le trou soit assez large pour donner entrée à cette Fusée , composée de trois pieces , au milieu de laquelle il doit être collé : ce qu'ayant fait , prenez deux Jets chargés comme ceux ci-dessus & du même diametre intérieur que vos Fusées ; collez les sur les tenons ; percez un trou à chaque côté, l'un à droite & l'autre à gauche ; percez ensuite l'un de vos Jets un peu au-dessus du tenon ; placez-y une Etoupille renfermée dans un Porte-feu qui communique au trou de lumiere de l'autre Jet ; puis attachez une autre Etoupille, de la gorge du Jet qui doit prendre feu le premier , à celle de votre Fusée courante : mettez la sur la corde , elle fera ses deux vols en tournant.

Observez de ralentir la composition pour toutes les différentes especes de Fusées de corde , & particulierement pour les deux dernieres, sçavoir le feu brillant avec deux onces de Soufre, & la composition de Fusées volantes ou feu commun avec une once de Soufre &

Pl. 5.
Fig. 5.

I iij

une demie-once de Charbon; autrement leur
vol feroit fi promt que vous auriez peine à
en voir l'effet.

Un Jet en brillant, quoiqu'il ne foit point
chargé fur une broche, peut faire fon vol fur
la corde, lorfqu'il eft fimple : la compofition
en eft affez vive pour lui donner le mouvement qui convient.

CHAPITRE IV.

FUSE'E TOURNANTE.

AYez un morceau de bois qui foit canne-
lé d'un côté pour recevoir une Fufée,
& qui ait de l'autre une languette en queue
d'aronde, faite pour entrer & être retenue
dans une couliffe formée dans un grand cercle de bois, lequel doit être coupé dans un
endroit, pour mettre les Fufees & ôter celles
qui auront fait leur effet ; cette coupure s'ouvre & fe ferme à charniere, & la Fufée gliffe
deffus, lorfqu'elle eft fermée, comme fur le
refte du cercle. Ayant attaché une Fufée volante fans garniture dans fa partie cannelée,
entrez-la dans le cercle, refermez la coupure
& donnez-y feu ; elle tournera autour avec
une grande rapidité jufqu'à ce qu'elle foit con-
fumée : lorfqu'on voit qu'elle eft prête à

finir, il faut un peu ouvrir la coupure pour l'arrêter en passant & en remettre un autre. La coulisse doit être bien frottée de Savon.

Quelque Artifice tiré sur une Tour ronde a fait imaginer cette Fusée, dont on a trouvé l'effet assez beau. On avoit attaché autour un cercle de menuiserie de douze morceaux, dont chacun avoit trois pieds, sçavoir une barre large de trois pouces & de huit lignes d'épaisseur, sur laquelle étoient clouées deux petites tringles de bois, d'un pouce de large & de huit lignes de hauteur, coupées en dedans en talus pour donner entrée à la languette en queue d'aronde : le tout ayant la courbure convenable, on mettoit les Fusées dans le cercle par une petite fenêtre, au-dessous de laquelle il étoit placé.

CHAPITRE V.

DES JETS DE FEU.

LEs Jets sont des Fusées massives, chargées sur un culot qui porte une pointe de la longueur de leur diametre, qui sert tant pour soutenir la Fusée, lorsqu'on la charge, que pour ouvrir le trou de la gorge du cartouche de la grandeur qui lui convient. Pl. 6. Fig. 3. & 4.

Comme leur effet est d'imiter en feu les

Jets d'eau , on les charge ordinairement en
brillant, qui donne le plus beau feu & s'éleve
fort haut. On met pour les petits Jets quatre
onces de limaille fine , pour les moyens
cinq onces, & six onces de grosse pour les gros
sur la livre de Poudre. La raison de cette différence est que la petite limaille fournit plus
que la grosse.

On les charge aussi, suivant les cas, en composition de Lardons, de Fusées volantes, de
Feu commun, & autres.

Les cartouches des Jets doivent être proportionnés pour l'épaisseur , premierement à
la force de la composition qu'ils doivent contenir ; en second lieu, au trou de la gorge,
qui plus il est petit , plus le cartouche doit
être fort ; troisiemement , à leur grosseur
qui augmente l'action du feu , en lui présen-
tant une plus grande surface; & enfin à leur
longueur, la pression du feu sur le cartouche
devenant plus forte à proportion qu'il se vuide, par la résistance d'une plus grande quantité
d'air qui circule dans le cartouche, chassé par
le feu & ramené par sa pesanteur , ce qui fait
que les Jets, dont on augmente la longueur sans
augmenter l'épaisseur du cartouche , crevent
lorsque le feu a atteint les deux tiers ou les
trois quarts de leur longueur. On leur donne
communément un tiers de l'épaisseur de la baguette à rouler jusqu'à six lignes de diametre,
& au-dessus la moitié.

Il faut quatre baguettes pour charger un Jet; premiérement une qui foit un peu percée pour loger la pointe du culot qui ne fert qu'à frapper le cartouche à vuide, pour abattre & & unir les plis de l'étranglement; & trois autres de longueurs inégales dont on change à chaque tiers.

Avant de charger les Jets, il faut remplir le vuide de l'étranglement avec une groffe corde liée autour, comme il a été dit pour les Fufées volantes. On obfervera auffi que chaque charge ne doit occuper que la hauteur d'un demi diametre extérieur du cartouche, étant foulée, & même d'un tiers, lorfqu'ils font gros; plus un Jet eft chargé à petites charges, moins il rifque de crever.

Ils doivent être frappés modérément de douze à vingt coups, depuis les plus petits jufqu'aux plus gros, avec un Maillet un peu moins fort que celui des Fufées volantes de pareil diametre. Après qu'ils font chargés, il faut les fermer avec un tampon, ou rendoubler le carton fur la compofition, pour contrebalancer la force du feu, lorfqu'il n'y a plus que quatre à cinq lignes de compofition, ils défonceroient, ne trouvant aucune réfiftance; moyennant cela ils durent un peu plus long-tems: ceux que l'on charge pour les Soleils tournans ou pour les Pots à Aigrettes, ne doivent point être fermés, afin que le feu fe puiffe communiquer de l'un à l'autre, ou à la chasse ; on les charge jusqu'au bout.

Avant de les amorcer, il ne faut pas manquer de les engorger avec de la composition dont ils sont chargés, ou même d'un peu plus lente.

Engorger un Jet, est remplir de composition le trou de la gorge, dans lequel on la presse avec la pointe du culot ; s'il n'étoit pas rempli, le Jet seroit en risque de crever par la dilatation de l'air renfermé dans ce trou.

Lorsque les Jets sont fort longs & fort gros, il arrive ordinairement que la gorge se brûle avant qu'ils ayent achevé leur effet. On les en garantit en y mettant une charge de terre glaise en poudre avant la composition, cette terre frappée devient fort dure & empêche l'action du feu ; la pointe du culot y conserve une communication.

Les Jets, qui sont terrés, poussent leur feu beaucoup plus haut, parce que le trou ne s'élargit point : aussi le cartouche doit-il être plus fort, que lorsqu'ils ne le sont pas.

Plus le trou de la gorge d'un Jet, terré ou non terré, est petit, plus il éleve son feu ; on lui donne communément le quart du diametre intérieure, & un tiers lorsqu'il est fort gros.

Lorsque l'on charge des Jets un peu gros en brillant, il n'est pas mal de mettre la premiere charge en feu commun : j'ai remarqué qu'étant chargés ainsi, ils sont moins fujets à crever ; cette compofition moins vive fraye le paffage , & agit moins vivement fur l'air qui pourroit être renfermé dans les plis de l'étranglement.

Après que les Jets font chargés & engorgés , il faut les amorcer comme les autres Fufées. Leur pofition perpendiculaire , inclinée , ou horifontale , eft ce qui en varie les effets : ainfi vous imiterez les Jets d'eau droits ou courbes, en les plaçant dans les fituations qui conviennent à ce que vous voulez repréfenter. Un affemblage de Jets pofés perpendiculairement forme une Gerbe.

Vous ferez une Nape de feu, en joignant plufieurs gros Jets placés horifontalement ; ils ne doivent point être étranglés , foit qu'on les charge en brillant ou en feu commun.

On forme auffi des Piramides de feu , foit quarrées ou coniques , en difpofant des Jets les uns au-deffus des autres fur une légere charpente , qui en aura la forme , & qui fe terminera par un feul Jet, auquel ayant donné feu , il fe communiquera à tous les autres par des Etoupilles : on fait tenir les Jets deffus , foit en y perçant des trous dans lefquels on les colle , foit en les attachant contre avec de bonne ficelle, fur laquelle on met un peu de colle pour empêcher la ligature de fe relâcher.

On peut auffi leur faire jetter fucceffivement différentes efpeces de feux, en les char-

geant d'autant de compositions différentes,
pour en former des Soleils fixes ou tournans,
dont cette variété de feu embellit l'effet.

Il y a une infinité d'autres usages ausquels
on peut employer les Jets, qui dépendent de
l'idée & du goût de l'Artificier.

CHAPITRE VI.

DES SOLEILS FIXES.

PREMIERE ESPECE.

Pl. 6.
Fig. 1. & 2.
UN Soleil fixe est un assemblage de Jets
chargés en brillant, disposés autour d'un
centre en forme de rayons, qui prennent feu
à la fois & répandent une lumiere très-écla-
tante.

Tournez un rouleau de bois, d'un diametre
à pouvoir diviser la circonférence en autant
de parties que vous voulez y placer de Jets :
donnez-lui d'épaisseur trois fois leur diametre ;
percez-le au milieu d'un trou quarré pour le
poser, lorsqu'il est garni, sur une barre de bois
ou de fer, dans laquelle il est retenu par une
clavette ; percez ensuite sur la circonférence
les trous dans lesquels les Jets doivent être
placés à égale distance, & qui tendent & ali-

gnent tous au même centre ; donnez-leur de
profondeur un diametre de vos Jets.

Le nombre des Jets dont on forme un Soleil
n'eſt point fixé : il n'arrive gueres qu'on en
mette moins de neuf ; le nombre ordinaire
eſt douze pour cette eſpece.

Ayant collé & placé les Jets dans les trous,
poſez une Etoupille de communication renfermée dans un Porte-feu , de la gorge d'un
Jet à l'autre , & l'arrêtez deſſus avec de l'A-
morce ; couvrez-en bien les jointures avec du
papier brouillard collé, qui enveloppe & faſſe
joindre les bouts des Porte-feux avec la gorge de chaque Jet , de maniere que le feu ne
puiſſe s'y introduire qu'en déchirant le papier
lorſque vous voudrez le faire partir.

DEUXIEME ESPECE.

Soleils fixes à pluſieurs repriſes.

AYez un Cilindre de bois d'un diametre
proportionné au nombre des Jets que
vous voulez placer autour , & qui ait aſſez
de longueur pour tenir autant de rangs de
Soleils que vous avez deſſein d'y en mettre,
en laiſſant au moins deux pouces d'intervalle entre chaque. Je ſuppoſe qu'il ſoit a trois
rangs : ayant percé les trous & placé les Jets
dedans , garniſſez chaque rang de Porte-feux

d’une gorge à l’autre, ainſi qu’il eſt expliqué ci-deſſus. Comme leur effet doit être que le premier un peu avant de finir donne feu au ſecond, & le ſecond au troiſieme, de maniere qu’il ne paroiſſe aucune interruption ; pour faire cette communication, percez avec un poinçon à arrêt deux de vos Jets du premier rang, oppoſés l’un à l’autre, à une ligne ou deux au-deſſus du Cilindre : donnez jour avec le même poinçon au bonnetage de deux du ſecond rang, les plus proches des premiers ; mettez du pouſſier dans les trous, & y collez une Etoupille à chaque, renfermée dans un Porte-feu qui communique du premier au ſecond rang, & de même du ſecond au troiſieme.

Un Porte-feu à chaque rang pourroit ſuffire ; mais l’effet en eſt plus promt, lorſqu’il y en a deux qui donnent feu en même-tems en deux endroits oppoſés. Après qu’ils ſont placés, joignez-les bien aux Jets, auſquels ils communiquent, avec du papier collé.

TROISIEME ESPECE.

FOrmez ſur un Cilindre de bois deux rangs de trous, l’un pour y placer douze Jets de huit à neuf lignes de diametre intérieur, & l’autre pour en mettre trente de quatre à cinq lignes, le tout chargé en bril-

lant, en obſervant d'employer pour les petits de la limaille la plus fine. Placez des
Etoupilles d'un Jet à l'autre, & pour que les
deux rangs prennent feu en même-tems, collez deux Porte-feux dans deux endroits oppoſés, pour le communiquer de la gorge des
petits à celle des gros.

L'effet de ces petits Jets eſt de garnir l'intervalle qui ſe trouve entre chacun des gros,
& de jetter un feu plus clair, qui rend le
Soleil plus éclatant par cette nuance de feu.
Ils dureront autant que les gros en leur donnant les mêmes proportions, c'eſt-à-dire que
ſi les gros ont douze diametres de hauteur,
il en faut donner autant aux petits.

QUATRIEME ESPECE.

Grand Soleil brillant, appellé Gloire.

FAites faire une roue de fer, compoſée de
quatre cercles, dont le premier ait huit
pouces de diametre, le ſecond deux pieds,
le troiſieme trois pieds quatre pouces, &
le quatrieme quatre pieds huit pouces, qui
ſoient retenus les uns dans les autres à la diſtance de huit pouces entre chaque, comme
la Fig. 1. Pl. 7. le repréſente. Chargez
quarante-huit Jets de vingt pouces de long;
liez-en douze par le milieu ſur le ſecond cer-

cle, par la gorge fur le troifieme, & par l'extrêmité oppofée fur le plus petit, à égale diftance les uns des autres. Liez-en de même douze autres par le milieu fur le troifieme cercle, par la gorge fur le quatrieme, & par l'extrêmité oppofée fur le fecond. Attachez enfuite les vingt - quatre, qui vous reftent, par en bas fur le troifieme cercle, & par le milieu fur le quatrieme. Obfervez que tous vos Jets foient diftribués à égale diftance, & dans le milieu de l'efpace qui fe trouve entre les rayons formés par les Jets inférieurs, comme la Figure vous le montre. Garniffez vos trois rangs de Porte-feux d'un Jet à l'autre; puis placez - en deux qui communiquent le feu de gorge en gorge du premier au fecond rang, & quatre autres du fecond au troifieme, afin que le tout prenne feu en même-tems. Ayez attention à les attacher avec de bonne ficelle, & en liant la partie d'en bas de la paffer deux ou trois fois par deffous le Jet, de maniere qu'elle le foutienne & l'empêche de reculer; outre cela vous la collerez deffus avec de la colle forte. La place de ce Soleil eft à la principale face d'un grand Feu. La mefure que je lui donne n'eft que pour exemple; on en fait de beaucoup plus grands, & jufqu'à trente pieds de diametre, en y ajoutant des cercles.

CHAPITRE

CHAPITRE VII.

DES SOLEILS TOURNANS ET GIRANDOLLES.

IL n'y a de différence entre les Soleils tournans & les Girandolles, de telle espece
que ce soit, que dans la position qu'on leur
donne pour les tirer, qui en les mettant
dans un autre point de vûe paroît en changer l'effet: s'ils sont placés verticalement, on
les appelle Soleils ; & horisontalement, on
les nomme Girandolles.

PREMIERE ESPECE

Soleil tournant simple.

CHargez un Jet en brillant sur un culot
sans broche, de six diametres extérieurs
de long, dont le trou de la gorge soit bouché par un tampon : réservez un diametre
extérieur, pour le coller sur le tenon d'un
tourniquet; ce qu'ayant fait, percez-le à côté,
un peu au-dessous du tampon, & y collez une
Etoupille avec de l'Amorce. Placez-le ensuite sur un petit essieu de bois, de la gros-

Pl. 5.
Fig. 6.

K

feur du diametre intérieur de la Fusée, dans lequel foit percé un trou pour retenir le tourniquet avec une cheville. Y ayant donné feu, il tournera d'une grande vitesse & formera un Soleil.

SECONDE ESPECE.

Soleil tournant à deux Jets.

Pl. 5.
Fig. 7.

COllez deux Jets fur un tourniquet à deux tenons, chargés & percés comme le précédent, en obfervant que le trou de l'un foit à droite, & celui de l'autre à gauche. Ayant donné feu à tous deux par une Etoupille de communication, ils formeront un Soleil, qui ne différera du précédent, que parce qu'il fera plus garni de feu.

TROISIEME ESPECE.

Soleil à deux Jets, dont le centre eft garni de feu.

AYant préparé un tourniquet à deux Jets, comme celui ci-deffus ; au lieu d'un trou à chaque, percez-en trois fur la même ligne à égale diftance les uns des autres, trois à droite & trois à gauche, & collez une Etoupille de communication fur les fix trous, pour qu'ils prennent feu à la fois. Leur effet eſt de garnir de feu le centre du Soleil, qui en eſt plus beau mais de moindre durée. Il faut diſtribuer les trous de maniere que ceux d'un Jet ne ſe trouvent pas vis-à-vis ceux de l'autre, afin qu'ils garniſſent mieux ; on peut auſſi le faire à deux repriſes, comme celui de l'eſpece ſuivante, pour le faire durer au double.

QUATRIEME ESPECE.

Soleil tournant à deux repriſes.

FOrmez un Soleil tournant comme celui de la ſeconde eſpece ; amorcez un Jet & y collez un bout d'Etoupille, pour y donner feu ; percez le même Jet un peu au-deſſus du tenon ; placez-y une Etoupille, & la conduiſez à la gorge de l'autre Jet, pour y communiquer le feu après que le premier aura fait ſon effet ; couvrez-la d'un papier collé, ou la renfermez dans un Porte-feu briſé, qui puiſſe prendre la forme ronde du tourniquet.

Pl. 9.
Fig. 9.

Un Porte-feu briſé eſt un cartouche de lance coupé en pluſieurs morceaux, dans leſquels on paſſe l'Etoupille, & qui prennent telle forme que l'on veut ; on les couvre après d'un papier collé.

K ij

On peut charger ces Jets de deux feux différents, la premiere moitié en compoſition de Fuſées volantes, & l'autre en brillant ; ce changement de feu en rend l'effet plus beau.

CINQUIEME ESPECE.

Girandolle à deux repriſes qui jettent ſuccesſivement l'une du feu en deſſus &
l'autre en deſſous.

Garniſſez un tourniquet de deux Jets, comme le précédent, à cette différence près, que les trous de lumiere doivent être percés à quarante-cinq dégrés, c'eſt-à-dire, au demi-quart de la circonférence, au lieu que les précédents le ſont à quatre-vingt-dix, ou au quart ; & ſi vous voulez faire un changement agréable, après en avoir percé un dans le demi-quart ſupérieur, percez l'autre par deſſous dans le demi-quart inférieur oppoſé, qui eſt le deux-cent-vingt-cinquieme dégré. Pour faciliter & rendre cette opération plus certaine, ayez un morceau de bois cannellé, de la longueur de votre Fuſée, dans lequel elle entre juſte à moitié de ſa circonférence ; l'ayant placé dedans, tracez une ligne de chaque côté de la Fuſée, ſuivant votre cannelure, l'une ſera le premier

dégré & l'autre le cent quatre‑vingtieme :
divisez‑la ensuite en quatre parties égales
& puis en huit, vous serez alors certain de
la juste position de vos trous.

Percez un de vos Jets un peu au‑dessus
du tampon, & y placez une Étoupille cou‑
verte pour porter le feu au trou de la lu‑
miere de l'autre Jet. Ayant donné feu à votre
Girandolle, le premier formera une espece
de jatte, qui changera & paroîtra renversée
dès que l'autre Jet aura pris feu.

SIXIEME ESPECE.

Girandolle à deux Jets.

VOs Jets préparés, comme il est dit ci‑
dessus, percez‑en un dans sa partie su‑
périeure au premier dégré & l'autre au quart
de sa circonférence. Ayant donné feu à tous
deux en même tems, l'un formera une
roue horisontale, & l'autre un cilindre de
feu ; si le trou supérieur panche un peu du
côté de l'axe, il formera un cône ; si sa pen‑
te est du côté opposé, il représentera un
vase. Il est facile de concevoir combien on
peut varier les effets de ces Girandolles, par
les différentes positions que l'on peut don‑
ner à ce trou sur toutes les parties de la cir‑
conférence des Jets.

K iij

SEPTIEME ESPECE.

Girandolle à trois Jets.

Pl. 3.
Fig. 8.

FOrmez un tourniquet à trois tenons, y ayant placé des Jets, percez-en un au premier dégré, le second au quart, & le troisieme au quart & demi, ou au cent-trente-cinquieme dégré ; placez une Etoupille qui donne feu à tous les trous, vous verrez à la fois trois différents jeux de feu.

HUITIEME ESPECE.

Soleils tournans, ou Girandolles à plu-sieurs reprises.

Pl. 6.
Fig. 6.

PRenez un bout de planche un peu moins épaisse que vos Jets ; formez un rond dessus, assez grand pour qu'on y puisse tracer un Exagone, dont chaque partie ait la longueur d'un de vos Jets ; percez un trou dans le milieu pour donner entrée à un essieu de bois, sur lequel il doit tourner librement. Plus l'essieu est petit, moins le frottement est grand, & plus par conséquent la roue a de facilité à tourner : ainsi il doit suffire qu'il ait la force de la porter & de résister au grand mouvement que le feu lui imprime.

Chargez six Jets sur un culot qui porte une pointe, & les remplissez de composition jusqu'au bout, à l'exception d'un, qui doit prendre feu le dernier, & que vous fermerez avec un tampon de papier mâché, pour empêcher la communication de feu, lorsque le premier qui le touche fait son effet. Percez deux trous sur chaque pan de la roue, à trois ou quatre lignes du bord, pour passer la ficelle dont vous lierez vos Jets dessus : on fait quelquefois une cannelure sur l'épaisseur de chaque pan pour loger les Fusées, mais on peut s'en passer. Ayant bien lié vos Fusées dessus avec deux tours de bonne ficelle, faites joindre & collez avec de l'Amorce l'Etoupille de chaque Jet à l'extrêmité de celui qui le précede ; puis couvrez-les tous proprement avec des bandes de papier collé, de maniere que le feu ne puisse s'insinuer par aucun endroit : la gorge du premier est marquée par un petit intervalle qu'on laisse entre elle & l'extrêmité du dernier, où il y a un tampon. On fait dans ce genre des Girandolles ou Soleils à autant de reprises que l'on veut, en gardant la proportion qui doit être entre la force de chaque Jet & la pésanteur de la roue qu'il doit faire tourner : les moindres sont à trois ; plus il y a de pans à une roue, moins le feu trouve de résistance pour la mouvoir, lorsque lesdites proportions sont gardées ; parce qu'elle approche plus de

la figure ronde. On les fait communément
à fix pans & rarement au - deſſus de huit.
Elles doivent être bien mobiles ſur leur axe,
& retenues avec une petite cheville de bois
qui les traverſe. On peut ſe diſpenſer de couper la roue à pans ; mais il eſt plus propre &
plus commode de le faire.

Un grand défaut qu'il faut éviter dans
les Soleils, eſt un mouvement lent, qui les fait
appeller pareſſeux ; c'eſt le terme dont on ſe
ſert, lorſque les Jets ne ſont pas aſſez forts
pour imprimer à la roue le mouvement qui
convient. Ceux des Anciens péchoient par le
contraire ; comme ils garniſſoient leurs roues
de Fuſées volantes, le mouvement en étoit
ſi vif qu'on n'appercevoit qu'un cercle de feu;
auſſi les nommoient-ils roues de feu. Les nôtres moins vives, parce qu'elles ne ſont pas
percées, laiſſent écarter les étincelles, qui forment un Soleil fort brillant. On donne communément aux Jets, dont on les garnit, la longueur de cinq à huit diametres extérieurs.

CHAPITRE VIII.

DU SPECTACLE PIRIQUE
DONNE' SUR LE THEATRE DE LA CO-
MEDIE ITALIENNE AU MOIS DE JUILLET
1743.

CE Spectacle, qui est le plus beau qu'on ait vu dans ce genre, a été exécuté par les sieurs Ruggieri, Bolonois, devant le Roi & sur le Théatre de la Comédie Italienne, où tout Paris l'a vu avec un applaudissement général.

La difficulté qu'ils ont trouvé le secret de surmonter, consiste à faire communiquer le feu d'une chose mobile à une fixe, au moyen de quoi ils peuvent le faire porter successivement & à tems à toutes les parties de leur Artifice, pour lui faire former des jeux & produire des effets, qui auroient paru impossibles avant cette découverte. La mécanique m'en a paru si ingénieuse, que je me suis livré à en faire la recherche, charmé de la rendre publique, si je pouvois y réussir. Le travail & l'application que j'y ai donnés, n'ont pas été inutiles : je suis parvenu à trouver cette communication de feu, & à donner un Spectacle pareil au leur : je ne puis dire si c'est par les mêmes moyens , n'ayant nulle connoiſſance de ceux qu'ils employent ; mais ce qu'il y a de certain , c'eſt qu'ils produiſent les mêmes effets.

La Pl. 10. repréſente la Machine toute montée, & chaque piece en particulier, dont je vais faire l'explication.

ARTICLE PREMIERE.

De l'Axe.

Pl. 9.
Fig. 2.

FAites faire un Axe ou Eſſieu de fer, de trois pieds & demi de long , d'un pouce en quarré de la longueur d'un pied ; & les deux pieds & demi de ſurplus , ronds & de ſix lignes de diametre.

Placez le bout quarré & le rivez dans une croix de fer, percée au milieu d'un trou quarré pour le recevoir. Les deux parties qui la forment doivent avoir huit pouces de longueur, quatre à cinq lignes d'épaiſſeur , & un pouce & demi de largeur ; elle ſera percée d'un trou à chacun des bouts, pour l'attacher à des vis en bois contre quelque choſe de ſolide , & dans une ſituation horiſontale.

ARTICLE. II.

Du Moyeu.

TOurnez un Cilindre de bois, de six pou-
ces de long sur six pouces de diametre; Pl. 8.
Fig. 3.
percez - le d'un bout à l'autre d'un trou de
six lignes de diametre ; puis à l'un des bouts
donnez à ce trou une forme quarrée, de trois
pouces de profondeur & d'un pouce de largeur, pour donner entrée à la partie quarrée de
l'Axe , qui sert à tenir la roue stable & à l'empêcher de tourner. Réduisez votre Cilindre
à quatre pouces de diametre, par le bout qui
est percé en rond, seulement de la longueur
d'un pouce , les cinq autres pouces étant con-
servés dans leur grosseur. Tracez au milieu de
la surface de ce bout, un rond de quatorze lignes de diametre, & un autre de trente lignes;
creusez l'entre-deux de ces ronds, de la profondeur de dix-huit lignes , puis formez une rainure au fond contre la partie extérieure de
deux lignes & demie en quarré ; rognez-la de
trois lignes, afin que le Cilindre qui est au
milieu l'excede d'autant. L'effet de ce Cilindre
est d'empêcher le frottement du Soleil tournant que l'on y joint , & de laisser entre-deux
l'intervalle des trois lignes que vous avez re-
tranchées ; terminez-le en demi-rond pour
que le frottement soit plus doux.

Formez douze mortoiſes ſur la circonférence de votre Moyeu, environ aux deux
tiers, du côté de la partie qui n'eſt pas creuſée, qui ſervent à placer douze barres de
quatre pieds & demi de long, d'un pouce
& demi de large, & d'un pouce d'épaiſſeur,
retenues dedans par des chevilles. Percez
ſur ſa circonférence à dix-huit lignes du
bord de la ſurface creuſée, deux trous oppoſés de trois lignes de diametre, qui joignent
& communiquent à la rainure qui eſt au fond.
Formez une rainure circulaire de deux lignes
& demie en quarré, qui joigne les barres,
lorſqu'elles ſont placées; faites deux rainures,
qui communiquent des deux trous à ladite
rainure circulaire; faites encore une autre
rainure circulaire pareille à la premiere derriere vos barres, qui ſeront placées entre-
deux.

ARTICLE. III.

Des Barres ou Rayons.

Pl. 9.
Fig. 3.

CReuſez une rainure de deux lignes &
demie en quarré au milieu & d'un bout
à l'autre de chacune de vos Barres, ſur la face
d'un pouce & demi, & une ſeconde & pareille
rainure ſur le côté oppoſé.

Mettez une de vos Barres ſur le Tour, & à
trois pouces & demi de ſon extrêmité ſupé-

rieure, réduisez-la à un pouce de diametre ;
conservez-lui cette grosseur dans la longueur
de dix-huit lignes ; réduisez le surplus a huit
lignes & demie de diametre ; conservez-lui
cette grosseur dans la longueur de cinq lignes,
& ce qui est par-delà, réduisez-le à six lignes. Percez un trou de deux lignes de diametre dans cette derniere partie, à huit lignes
au-dessus de celle de huit lignes & demie,
qui doit porter un Tourniquet, laquelle vous
arrondirez un peu pour en rendre le frottement plus doux. Le trou est pour retenir le
Tourniquet sur son Axe, avec une petite cheville de bois qui le traverse.

Formez deux cannelures opposées, dans la
partie d'un pouce de diametre, qui ayent quatre lignes d'ouverture & une ligne & demie
de profondeur ; faites-en autant à chacune.

Pour avoir plus de facilité à garnir vos
Barres & à transporter votre Machine, vous
pouvez les faire de deux pieces, qui seront
jointes à languettes & retenues par deux
chevilles.

ARTICLE. IV.

Des Traverses.

AYant posé vos barres sur le Moyeu, liez-
les les unes aux autres, avec des Traverses de bois d'un pouce en quarré, termi-

Pl. 9.
Fig. 4.

nées par un tenon à chaque bout, lesquelles entrent dans des mortoises creusées dans les barres. Il y en a une qu'on nomme la Clef, qui y entre à coulisse & fait serrer les autres. Il faut la placer la derniere & l'arrêter à chaque bout avec une cheville. Ces Traverses doivent être posées à deux pieds deux pouces du Moyeu.

ARTICLE. V.

Des Boetes.

Pl. 9.
Fig. 7. & 8.
J'Appelle Boete (le nom n'y fait rien lorsqu'il s'agit d'une chose qui n'en a point) ce dont je vais faire la description.

Tournez un rond de bois de six lignes d'épaisseur & de deux pouces & demi de diametre, percé, au milieu, d'un trou d'un pouce de largeur : faites à l'un des bords extérieurs une entaille circulaire , d'une ligne & demie de profondeur sur trois lignes de longueur, & au bord intérieur, du même côté une autre entaille de deux lignes en quarré. Moulez un rond de carton, auquel vous donnerez deux pouces trois lignes de diametre intérieur, une ligne & demie d'épaisseur, & un pouce & demi de hauteur : collez-le sur l'entaille extérieure qui est faite pour le placer ; puis entrez le bout de la barre, qui est tourné, dans

la Boete, & la collez sur la partie d'un pouce
de diametre joignant la barre.

ARTICLE VI.

Des Tourniquets.

REservez deux tenons, de six lignes de
diametre & de neuf lignes de longueur, Pl. 9.
à un rond de bois de six lignes d'épaisseur & Fig. 5. & 6.
de deux pouces deux lignes de diametre :
percez au milieu un trou de six lignes pour
donner entrée à l'essieu. Formez dans ce rond,
à sept lignes du centre, une rainure de trois
lignes & demie de largeur & d'une ligne &
demie de profondeur ; divisez cette rainure
en deux parties, l'une de deux lignes & l'autre d'une ligne & demie du côté du bord ex-
terieur ; creusez celle d'une ligne & demie, &
lui donnez en tout trois lignes de profondeur ;
collez dans cette rainure un rond de carton
d'une ligne & demie d'épaisseur, de seize lignes de hauteur & de dix-huit lignes de diametre intérieur ; puis percez un trou de deux
lignes dans le rebord extérieur, à quatre lignes
du tenon qui traverse le carton & communique à la rainure.

ARTICLE VII.

Des Portes-Jets pour former l'Etoile.

Pl. S.
Fig. 8.

ON forme une grande Etoile avec des Jets attachés fur six barres, deux à chaque, dont les gorges, qui fe croifent, font une angle, & le feu qui en fort, en fe rencontrant à un certain point avec le feu des autres Jets qui y alignent, forme une autre angle; & ainfi des autres.

Pour tenir & attacher ces Jets dans la fituation qui convient, on prépare fix morceaux de bois de quatorze lignes d'épaiffeur, dans chacun defquels il y a deux cannelures, qui font un angle de l'ouverture qui convient : l'une de ces cannelures, qui eft par-deffous, a dix lignes de profondeur, pour y loger en entier un Jet de fix lignes de diametre intérieur ; celle de deffus n'a que trois lignes, afin que le Jet que l'on y place foit au-deffus de l'autre & le croife à l'endroit de la gorge, pour que leurs feux ne fe rencontrent point en fortant, comme cela arriveroit, s'ils étoient placés au même niveau.

Chaque Porte-Jet doit être percé de fix trous, deux au long de chaque cannelure pour attacher les Jets, & deux pour les cheviller fur la barre, dans l'endroit où font placées les traverfes verses ; on les lie outre cela avec de la ficelle que l'on passe dans les mêmes trous qui attachent les Jets, & dans d'autres faits dans les traverses. Les chevilles servent à le maintenir dans la ligne droite qui partage l'angle ; sans cela il seroit difficile de l'attacher bien droit à cause du relâchement des ficelles. Il faut frotter les chevilles de Savon, pour avoir plus de facilité à les ôter & à les mettre, & numéroter toutes les pieces de cette Machine.

ARTICLE. VIII.

Des Tambours que l'on garnit de Jets, pour en former des Soleils fixes.

CHoisissez un morceau de bois convenable ; percez-le dans sa longueur avec un Virebrequin de six lignes ; mettez-le sur le Tour, & formez-en un Cilindre de six pouces de longueur & de quatre pouces d'épaisseur ; réduisez-le par un bout à trois pouces huit lignes de diametre, de la longueur de deux pouces une ligne ; réduisez le ensuite à quatorze lignes de diametre, de la longueur de dix-neuf lignes ; réduisez-le encore à onze lignes, de la longueur de cinq, que vous formerez en demi-rond. J'appelle ces parties réduites, l'une le Bouton, qui a cinq lignes

Pl. 8.
Fig. 4.

L

de longueur; l'autre le petit Cilindre extérieur, (parce qu'il en faudra figurer un intérieur à l'autre bout) qui en a quatorze;& l'Entaille, qui en a six. L'effet du Cilindre,& du Bouton qui le termine, eſt d'entrer dans la Boete d'un Soleil pour le tenir ſtable pendant qu'il tourne ,& dans un certain écartement du Soleil fixe ; & celui du Bouton , d'en adoucir le frottement, comme il a déjà été dit. Formez une rainure circulaire de deux lignes en quarré au bas de ce petit Cilindre , & deux rainures droites oppoſées ſur la ſurface de la partie où il eſt placé , qui communiquera à ladite rainure circulaire ; creuſez enſuite deux cannelures oppoſées , de trois lignes de profondeur , & de quatre lignes & demie d'ouverture ſur le petit Cilindre.

Tracez ſur la ſurface de l'autre bout un rond de quatorze lignes de diametre , & un autre de trente lignes : creuſez l'entre-deux de ces ronds de la profondeur de dix-huit lignes ; puis formez une rainure au fond contre la partie extérieure,de deux lignes en quarré; rognez-la de trois lignes, afin que le Cilindre qui eſt au milieu l'excede d'autant ; terminez-le en demi-rond,comme vous avez fait celui de l'autre bout. Percez (ſur ſa circonférence à dix-huit lignes du bord de la ſurface creuſée) deux trous oppoſés de deux lignes & demie de diametre , qui joignent & communiquent à la rainure qui eſt au fond.

Percez neuf trous sur la circonférence du Tambour & au milieu, de neuf lignes de diametre & de dix lignes de profondeur, pour y placer des Jets.

Moulez un rond de carton de vingt lignes de haut, d'une ligne & demie d'épaisseur, & de trois pouces huit lignes de diametre, que vous collerez à l'autre bout sur la partie que vous avez réduite à pareil diametre, pour le recevoir ; puis avec un poinçon faites deux trous au carton, qui communiquent aux rainures, & par lesquels passera l'Etoupille.

Percez le Tambour jusques au centre, à neuf lignes de l'un ou de l'autre bout; attachez sur ce trou un écrou avec deux vis en bois, dans lequel entrera une vis, le tout de fer, qui le traversera jusqu'à l'Axe, & servira, en la serrant, à le tenir fixe dessus.

ARTICLE IX.

Des Roues des Soleils tournans.

Formez une Roue à cinq pans de six lignes d'épaisseur, & de quatre pouces huit lignes sur chaque face, avec du bois qui puisse être tourné aisément, comme du Noyer. Posez votre Compas au centre & tracez cinq cercles; un de six lignes de diametre, que vous percerez pour donner entrée à l'essieu ; le second

Pl. 8. Fig. 5. & 6.

de dix-huit lignes ; le troisieme de vingt-huit
lignes ; le quatrieme de cinq pouces, & le
cinquieme de cinq pouces une ligne & demie.
Creusez l'intervalle entre les deux derniers de
la profondeur de trois lignes ; puis creusez
d'une ligne & demie celui entre le second &
le troisieme, qui est de cinq lignes : divisez-
le ensuite en deux parties, l'une de deux lignes du côté extérieur, & l'autre de trois ;
creusez celle-ci d'une ligne, & lui donnez en
tout deux lignes & demie de profondeur.
Placez dans cette rainure un rond de bois,
que j'appelle Boete, de dix-huit lignes de
diametre intérieur, de trois lignes d'épaisseur,
& de dix-sept lignes & demie de hauteur,& l'y
collez de colle forte : formez sur sa surface
extérieure deux cannelures opposées de
deux lignes & demie de profondeur, & de
quatre lignes & demie d'ouverture. Creusez
sur la Roue une rainure droite de deux lignes
en quarré, à onze lignes d'un des angles &
à sa droite, laquelle communiquera à la rainure circulaire qui est au bas de la Boete.

Moulez un rond de carton de seize lignes
de hauteur, d'une ligne & demie d'épaisseur
& de cinq pouces de diametre intérieur, que
vous collerez dans la rainure de pareil diametre.

Tracez sur l'autre côté de la Roue deux
cercles, l'un de quatorze lignes, & l'autre
de vingt-quatre ; creusez l'intervalle de ces

deux cercles d'une ligne & demie ; divifez-
le en deux parties, l'une de trois lignes, &
l'autre de deux; creufez celle de trois, qui
doit être l'extérieure, d'une ligne, & lui donnez en tout deux lignes & demie de profondeur ; placez dedans un rond de bois fans
cannelure ; mais d'ailleurs pareil à celui qui eft
placé de l'autre côté de la Roue ; tirez une
rainure droite à deux lignes & demie, & à
la gauche du même angle, près duquel vous
avez tiré l'autre rainure ; faites-la traverfer
la Boete, à laquelle vous ferez un trou, pour
que cette rainure joigne la rainure intérieure
circulaire ; percez deux trous à chaque pan à
quatre lignes du bord, afin d'y paffer une fi-
célle pour attacher les Jets deffus.

ARTICLE. X.

Du Coulant à Vis.

LE Coulant fert à fermer la Machine après
que les Soleils font enfilez dans l'Effieu. Pl. 8.
Fig. 7.
Ayant percé un morceau de bois avec un virebrequin de fix lignes, mettez-le fur le Tour &
donnez-lui la forme d'un Cilindre de trois
pouces de long fur deux de diametre ; confer-
vez-lui fa groffeur dans la longueur de quinze
lignes ; réduifez le furplus à quatorze lignes ;
& à fix lignes du bout, faites une entaille

d'une ligne & demie de profondeur, & la terminez en demi-rond, comme le petit Cilindre intérieur du Tambour ; attachez enfuite
un écrou avec deux vis en bois, fur la partie
de deux pouces de diametre, dans lequel entrera une vis comme celle du Tambour &
pour le même ufage.

ARTICLE. XI.

Comment il faut garnir le Moyeu & les Barres.

Garniffez d'Etoupille la rainure qui eft au
fond de la partie creufe, les deux trous
qui y communiquent, les deux rainures droites, la rainure circulaire qui eft par devant &
& au deffous des Barres jufqu'à deux pouces
au-deffus de l'endroit où l'on doit placer les
Portes-Jets qui forment l'Etoile, en forte
que le tout fe communique ; collez des bandes de papier deffus, à l'exception de celle qui
eft au fond de la partie creufe, que vous ferez tenir dedans avec de l'Amorce.

ARTICLE XII.

De la garniture des Portes-Jets.

AYant posé vos Jets dans les cannelures des Portes - Jets , passez une ficelle dans les trous, & les liez sur la partie du Cartouche qui les déborde , tant du côté de la gorge qu'à l'autre extrêmité , en observant de poser les deux gorges l'une sur l'autre pour qu'elles forment une angle ; attachez-les ensuite sur les Barres , & collez sur leur gorge le bout de l'Etoupille dont elles sont garnies ; puis les couvrez de papier collé, de maniere que le feu n'y trouve aucune entrée.

Pl. II.
Fig. I.

Vos Jets doivent avoir sept pouces de longueur y compris la gorge, six lignes de diametre intérieur & dix lignes de diametre extérieur. Chargez-les de composition de Fusées volantes, dont auparavant vous ferez l'essai, pour ouvrir ou fermer les angles de l'Etoile suivant la portée du feu , qui ne doit pas excéder le point de rencontre qui les forme , ou pour réduire la composition suivant la longueur des angles : vous diminuerez encore sa portée, en ouvrant le trou de l'étranglement.

Vous pouvez aussi les charger, moitié en Fusées volantes, qui sera la premiere, & l'autre moitié en brillant bien fin, que vous affoibli-

L iiij

rez un peu en y ajoutant du Soufre, pour qu'il
ne jette pas plus loin que la premiere compofition.

ARTICLE XIII.

De la garniture des Boetes.

DEs douze Barres, il y en a fix qui portent des Boetes, & fix autres qui n'en
portent point, fur lefquelles font attachés
les Jets qui forment l'Etoile.

Percez un des deux Jets de chaque Barre
à fon extrêmité inférieure un peu au-deffus
du tampon, & y placez une Etoupille dans
un Porte-feu qui communiquera à la Barre
d'à côté, laquelle Etoupille vous conduirez
dans la rainure de la Barre jufqu'à celle qui
eft dans la Boete au bas de la partie d'un pouce de diametre, que vous garnirez auffi d'E-
toupille, & fur laquelle & dans les cannelures
de ladite partie vous collerez avec un peu de
colle forte deux Portes-feux chargés de Pouffier, dont je donnerai ci-après les proportions. Couvrez enfuite de bandes de papier
collé la rainure de la Barre & celle de la Boete;
& foudez bien vos fix Portes-feux tant aux
barres qu'aux Jets.

ARTICLE XIV.

*Des Portes-feux remplis de Pouſſier, pour com-
muniquer d'une choſe mobile à une choſe fixe.*

MOulez ſur une petite baguette de fer, de
trois lignes & demie de diametre, des petits cartouches de carte couverts de papiergris,
de treize lignes de longueur & de quatre lignes & demie de diametre extérieur; enfoncez
la baguette dedans de la longueur d'un pouce,
& rempliſſez le vuide d'une ligne qui reſte,
avec de l'Amorce, pour le fermer par un bout.
Quand elle eſt ſeche, mettez avec une plume
du Pouſſier bien mobile & ſans le preſſer dans
le cartouche, à la hauteur des deux tiers ou
des trois quarts au plus : puis ayant mouillé
de colle forte le bord du cartouche, poſez
deſſus un petit morceau de papier brouillard,
dont vous couperez ce quiexcede le cartouche,
lorſqu'il ſera ſec. Ces Portes-Feux ſe poſent
dans les cannelures faites pour les recevoir , le
bout amorcé ſur l'Etoupille de la rainure circulaire qui eſt au bas. Leur effet eſt de lancer
leur feu dans la rainure qui eſt au fond des
Boetes des Tourniquets & de la partie creuſe
des Soleils fixes.

ARTICLE XV.

De la garniture des Tourniquets des Girandolles

PRenez douze Jets de cinq pouces de longueur y compris la gorge, & de six lignes
de diametre intérieur : bouchez-en la gorge
avec un tampon , & les chargez sur un culot
sans broche en composition de Fusées volantes
jusqu'a la moitié, & l'autre moitié en feu brillant ordinaire & propre au cartouche. Les
ayant remplis à neuf lignes près , mettez-y
un petit tampon, & les placez sur les tenons
des Tourniquets après les avoir un peu enduits
de colle forte ; percez l'un à quarante-cinq
dégrés un peu au dessous du tampon, & l'autre
à deux-cent-vingt-cinq ; passez une Etoupille
dans le trou qui communique à la rainure
qui est au fond de la Boete du Tourniquet ;
garnissez-en ladite rainure & l'y collez avec
de l'Amorce ; renfermez l'autre bout dans un
Porte feu, & le conduisez au trou de lumiere d'un de vos Jets ; percez ce même Jet
une ligne ou deux au-dessus du tenon ; collez-
y une Etoupille renfermée dans un Porte-feu
brisé ; conduisez-la au trou de lumiere de l'autre Jet , & couvrez-en bien les extrêmités &
jointures avec du papier collé ; observez de

mettre toujours du Poussier dans les trous avant d'y coller l'Etoupille. Ayant ainsi garni six Tourniquets à deux tenons , posez-les sur l'Essieu qui termine les Barres garnies de Boetes , & les y retenez avec une petite cheville.

Il est présentement facile de concevoir comment se fait la communication du feu d'une chose fixe à une mobile , au moyen des petits Portes-feux remplis de Poussier, qui, sans toucher à l'Etoupille qu'ils doivent enflamer, lancent leur feu dessus , en tirant un coup. La Boete du Tourniquet & celle de la Barre, qui entrent l'une dans l'autre, couvrent & garantissent les Etoupilles du feu extérieur qui pourroit s'y introduire.

ARTICLE XVI.

De la garniture des Soleils fixes.

CHargez neuf Jets de huit pouces de long, de six lignes de diametre intérieur, & de dix lignes & demie d'extérieur, premierement de la composition des Lardons en Poudre jusqu'à la moitié , & l'autre moitié en feu brillant ; diminuez un peu de l'épaisseur du cartouche par en bas & les collez dans les trous ; collez ensuite un Porte-feu de la gorge de l'un à la gorge de l'autre, &

Pl. 9.
Fig. 1.

couvrez-en bien les extrêmités & jointures ; paſſez des Etoupilles dans les deux trous , qui communiquent à la rainure qui eſt au fond de la partie creuſe du Tambour ; garniſ-ſez-en ladite rainure & l'y collez avec de l'Amorce; renfermez les deux autres bouts dans deux Portes-feux, & les conduiſez à la gorge de deux de vos Jets oppoſés.

Garniſſez enſuite d'Etoupille la rainure du petit Cilindre extérieur ; poſez deſſus & dans les cannelures deux Portes-feux remplis de Pouſſier ; placez enſuite une Etoupille dans chacune des rainures droites , qui communi-quent d'un bout à la rainure circulaire , & de l'autre à l'extrêmité de deux Jets oppo-ſés , que vous percerez à une ligne ou deux au-deſſus du Tambour ; & couvrez bien le tout de papier collé.

ARTICLE XVII.

De la garniture des Soleils tournans.

CHargez cinq Jets ; trois en brillant & deux en compoſition de Lardons ; garniſſez-en votre Roue , en attachant alter-nativement un d'une eſpece & un de l'au-tre, en commençant par un brillant, dont la gorge doit être ſur la rainure droite, qui com-munique à la rainure intérieure d'une des

Boetes; garniſſez l'une & l'autre d'Etoupille,
dont vous collerez le bout ſur la gorge de
votre Jet.

Placez de même une Etoupille de l'autre
côté de la Roue, dans les rainures circulai-
res & droites, qui viendra rendre à l'extrêmité du dernier Jet, que vous percerez
avec un poinçon, & collerez le bout de l'E-
toupille deſſus. Collez enſuite vos deux Portes-feux de Pouſſier dans les cannelures; puis
collez du papier tant ſur les rainures que ſur
les Jets, après les avoir amorcés, pour que
le feu ſe communique de l'un à l'autre.

On les amorce, en collant l'Etoupille de
la gorge d'un Jet ſur l'extrêmité de celui qui
le précede.

ARTICLE XVIII.

*De l'aſſemblage des Soleils tournans & fixes
ſur l'Axe.*

AYant ainſi préparé autant de Soleils fixes
& tournans que vous en voulez tirer,
frottez l'Axe de Savon, & toutes les parties
qui frottent; enfilez un Soleil tournant, le côté des Portes-feux tourné vis-à-vis le Moyeu,
dans lequel ils doivent entrer pour donner
feu à la rainure intérieure; placez enſuite
un Soleil fixe dont vous ferez entrer le petit

Pl. 10.
Fig. 1.

Cilindre dans la Boete du Soleil tournant, qui
y communiquera le feu de la même maniere ;
arrêtez-le avec la vis , & prenez garde qu'il
ne gêne point trop le Soleil tournant, qui doit
se mouvoir librement sur l'Axe , sans aussi
lui donner trop de jeu. Enfilez les autres de
même, en mettant alternativement un Soleil
fixe & un tournant, & finissant par ce dernier , que vous arrêterez avec le coulant à
vis. Lorsque vous voudrez le tirer , faites
une petite ouverture au bonnetage de la
gorge du premier Jet, pour y donner feu :
vous verrez avec satisfaction qu'il se succede-
ra & se communiquera à tems & sans intervalle d'un Soleil à l'autre, puis à l'Etoile & à
l'Exagone formé par les Girandolles ; cette
Exagone changera quatre fois de feu & deux
fois de forme. La belle flame blanche que
l'on remarque dans le Spectacle Italien lorsque les Soleils tournans font leur effet, y
paroîtra aussi & à peu de frais, n'étant autre
chose que la flame du papier qui couvre les
Jets, que leur feu allume, & que l'agitation
de la Roue souffle & fait flamber.

ARTICLE. XIX.

*De six Soleils tournans, que l'on peut ajoûter
à la Machine, qui partent à la fois &
immédiatement après l'Exagone. De l'E-
toile, comment on peut la doubler & la
faire devenir simple.*

LE Spectacle que cette Machine sert à
donner est susceptible de plusieurs chan-
gemens. Les Sieurs Ruggieri donnent quelquefois six Soleils tournans en place des Girandolles qui forment l'Exagone ; mais je n'ai point
vû qu'ils les ayent exécutés ensemble & avec
l'Etoile, ce qui en augmenteroit fort la beauté. Je ne pense pas pour cela qu'ils ne soient
fort en état de le faire, étant sans contredit
les plus habiles gens qui ayent paru dans ce
genre. Voici ce que j'ai imaginé pour faire
succéder l'un à l'autre, & qui m'a réussi.

La Machine étant garnie, comme je viens
de la représenter, percez un trou de six lignes de diametre dans chacune des six Barres, sur lesquelles sont posés les Jets de l'E-
toile, à quatre pieds du Moyeu.

Placez six Boetes dans ces trous, formées
& garnies d'Etoupilles & de Portes-feux, comme celles qui portent les Girandolles, à cette différence près, qu'elles doivent avoir une

queue de deux pouces de long, & de fix lignes de diametre, & qui foit percée d'un trou
de deux lignes de diametre à treize lignes de
la Boete, qui fert à la retenir dans le trou
de la Barre avec une petite cheville qui la
traverfe.

Garniffez fix Tourniquets chargés en brillant à deux reprifes, avec des Boetes, comme
les Girandolles des fix autres Barres ; pla-
cez-les fur l'effieu de vos *Boetes à recouvre-
ment*, & les y arrêtez avec une cheville.

Placez une Etoupille dans la rainure circulaire du Moyeu qui eft derriere & joignant
les Barres ; garniffez les rainures des fix Barres, d'Etoupilles qui communiqueront d'un
bout à ladite rainure circulaire, & de l'autre
à celle qui eft dans les Boetes, par un trou
de deux lignes & demi de diametre que vous
ferez tant aux Barres qu'aux Boetes.

Percez un trou dans la furface plane du
Moyeu vis-à-vis la croix, & y placez un
Porte-feu de carton, chargé en compofition
de Fufées volantes, ou autre qui puiffe durer
autant que les Girandolles ; ce qu'il eft aifé
de faire en l'effayant.

Percez un des Jets de votre Etoile à fon
extrêmité ; collez-y une Etoupille renfermée
dans un cartouche de lance, & la conduifez fur votre Porte-feu de carton, lequel
vous percerez enfuite à fon extrêmité inférieure contre le Moyeu, & y placerez une

autre

autre Etoupille couverte, qui ira porter le feu dans la rainure circulaire du Moyeu, & qui de-là se distribuera dans les six Barres, d'où il se communiquera aux Soleils tournants dans l'instant que les Girandolles auront fini leur effet.

On peut par le même moyen faire que l'Etoile, de simple qu'elle est, devienne double, & qu'ensuite elle redevienne simple. Placez douze Portes-jets sur les douze Barres, dont six doivent avoir vingt-huit lignes d'épaisseur, pour que les feux ne se rencontrent point, & passent les uns au-dessus des autres lorsqu'elle doublera ; six prendront feu par les rainures extérieures des Barres, & le donneront en même-tems à un Portefeu placé dans le Moyeu, qui, lorsque l'Etoile sera consumée à moitié, le communiquera par les rainures des six autres Barres du côté de la croix, aux six autres Portes-jets qui la doubleront, tant que les premiers Jets dureront, après quoi elle redeviendra simple.

Pour en rendre l'effet plus beau, il faut que la premiere moitié des douze premiers Jets soit chargée en brillant, leur seconde moitié & la premiere des douze autres en composition de Fusées volantes, & leur derniere moitié, en brillant.

‘✳✳’

M

ARTICLE XX.

Autre maniere de former l'Etoile.

LA Pl. 8. Fig. 1. repréſente un rond de bois percé d'un trou quarré au milieu, pour être placé ſur la partie quarrée de l'Axe qui doit y entrer juſte. Je ſupoſe que cette Roue ait un pied & demi ; diviſez-la en ſix parties égales par ſix lignes tracées deſſus ; percez un trou ſur ſon épaiſſeur à deux pouces trois lignes de chaque côté deſdits rayons ou lignes : ces douze trous ſervent à y placer des Jets qui doivent former ſix angles de feu, ainſi en les perçant il faut leur donner la pente convenable pour que leur feu ſe réuniſſe à une certaine diſtance. Les ayant placés dedans, collez une Etoupille couverte de l'un à l'autre : comme l'angle eſt fort aigu, il n'eſt point à craindre que les feux ſe croiſent ; ils ſe réuniſſent après l'avoir formé & ſuivent une même ligne. On peut coller des chevilles dans les trous & lier les Jets deſſus, ou bien les prendre ſur piece, après les avoir tracés ſuivant l'alignement qui convient, ou encore les attacher derriere la planche qui ſera percée pour y paſſer des ficelles, comme la Figure le repréſente. Cette Etoile eſt beaucoup plus ſimple & plus facile à exécuter que l'efpece précédente; il eft vrai que l'effet n'en eft pas tout-à-fait fi beau, n'y ayant point d'angle formé à la gorge des Jets. C'eft ainfi que je l'ai vu exécuter aux Sieurs Ruggieri. Je leur ai auffi vu donner pour Spectacle la repréfentation en feu du Berceau du Palais Royal, & un autre qu'ils appellent les Eaux. Le deffein du premier eft formé par des bouts de lances de deux pouces de longueur, liés & collés avec une bande de papier à un clou d'épingle cloué fur le bord des treillages qui le compofent, à la diftance de trois pouces les uns des autres, ils prennent feu en même tems par des Etoupilles de communication renfermées dans de petits cartouches de papier, collés de l'un à l'autre : plufieurs Soleils tournans à trois reprifes renfermés dans les treillages de ce Berceau partent à la fois ; leur feu qui eft refferré & rompu s'échappe à travers, & le fait paroître tout en feu.

Le Spectacle des Eaux eft à-peu-près formé de la même maniere. Il y a de plus des Napes de feu qui forment une Cafcade dans le milieu, & des Jets & Fontaines de feu dans les côtés, qui imitent les jeux des Eaux ; on y voit auffi une Figure conique & fpirale chargée de petites Lances, qu'une Girandolle qui lui fert de bafe fait tourner.

Il refte à parler de la fumée, qui, lorfque ce Spectacle eft donné dans un endroit couvert, empêcheroit d'en voir l'effet & incommoderoit beaucoup les Spectateurs. On ouvre à la Comédie Italienne, la partie du platfond qui est au-dessus du Feu, la fumée monte dans le ceintre & sort par plusieurs fenêtres ; elle ne paroît pas plus que si on le tiroit sous une grande cheminée. Il faudra faire à-peu-près la même chose dans les endroits clos où l'on voudra donner ce Spectacle, n'y ayant pas d'autre moyen de s'en garantir ; mais le mieux est de le tirer dehors. On observe que l'Artifice rend beaucoup plus de fumée lorsque l'air est chargé de vapeurs & d'humidité, que par un tems serain.

CHAPITRE IX.

DES LAMPIONS.

LEs Illuminations, faites avec des Lampions de fer-blanc dont on forme toutes sortes de desseins, font un beau Spectacle. Vous pouvez les allumer tous dans l'instant & d'un seul feu, en trempant la meche dans de l'huile d'Aspic, & en conduisant une pareille meche de l'un à l'autre : la promtitude, avec laquelle le dessein de feu se trouve formé, est surprenante & plaît beaucoup.

Chaque Lampion doit avoir au milieu une petite virolle ou bobeche de fer-blanc fort courte qui y est soudée, dans laquelle on place la mêche de coton avant d'y verser le suif, la queue du Lampion est percée d'un trou pour la clouer sur le dessein.

Voici une autre maniere fort prompte de les allumer : ayant trempé la meche dans de l'huile d'Aspic, placez dessus une petite Etoile faite comme celles dont on garnit les Fusées & de même composition, ensorte que la meche entre dans le trou de l'Etoile ; attachez un Jet chargé en feu commun au bout d'un long bâton, passez-le dessus : le feu qu'il répandra en allumera une grande quantité à la fois. C'est ainsi qu'on a allumé les Lustres & Lampions du Feu tiré pour la prise d'Ipre le 12. Juillet 1744. On peut encore conduire une Étoupille d'une Etoile à l'autre, & y donner feu avec une Lance.

QUATRIEME PARTIE.

Des Feux Aquatiques.

Cette quatrieme partie comprend les dif-férentes especes de Feux qui brulent sur l'eau & dans l'eau.

Quelque contraires que soient leurs effets à la nature du feu, je ne donnerai pas d'autre composition pour les charger que celle de l'Artifice d'air. Les drogues, que l'on y ajoûtoit autrefois par charlatanerie ou par ignorance, étoient non seulement inutiles, mais même en ralentissoient l'action : toutes les Fusées d'air & de terre brulent dans l'eau ; il ne s'agit que de les mettre en état de se soutenir dessus, & d'en diversifier les effets.

CHAPITRE PREMIER.

DES GENOUILLIERES.

pl. 6.
Fig. 9.

Les Genouillieres servent pour l'Artifice d'eau, comme les Lardons pour l'Artifice d'air : on les employe à en garnir les

Batils de trompe, les Pots à feu & les Ballons aquatiques ; on les nomme auſſi Dauphins : leur effet eſt de ſerpenter ſur l'eau.

On les charge comme les Jets, en brillant ou en compoſition de Fuſées volantes, dans un cartouche d'épaiſſeur proportionnée, auquel on donne ſix à ſept diametres de longueur. Ayant ainſi chargé un Jet, fermez-le avec un tampon, & le percez pour donder feu à un petit Maron que vous collerez deſſus ; attachez enſuite le fourreau ſur l'extrêmité de la Fuſée qui porte le Maron ; ce fourreau eſt un cartouche vuide fort mince de gros papier, ou de carton à trois feuilles roulé ſimple ſur une baguette du diametre extérieur du Jet, ou même ſur un cartouche vuide de pareille groſſeur ; fermez-le par un bout pour empêcher l'eau d'y entrer, ſoit en l'étranglant & mettant un tampon dedans, ſoit en y collant un rond de carton ; ſi vous l'étranglez, coupez ce qui excede l'étranglement & le frappez pour le mettre à l'uni, puis collez un papier deſſus ; étant ainſi bien bouché, rognez-le à la longueur des trois quarts de la Fuſée ; découpez le bout non étranglé en pluſieurs languettes de la longueur d'un diametre & demi ; faites entrer la Fuſée dans cette partie découpée qui ſert à couder le fourreau ; donnez-lui une coudure qui forme un angle obtus de cinquante à ſoixante dégrés ; liez-le deſſus avec du gros fil, & collez une bande de papier fur la ligature, engorgez-la & l'amorcez.

Tout Artifice d'eau doit être extérieurement enduit de fuif, pour empêcher l'eau d'agir fur le papier & le carton qui le couvrent, de ramollir les différentes colles qui en joignent les parties, & de pénétrer dans la compofition qu'elle ralentiroit beaucoup, fi même elle ne l'éteignoit pas. Ainfi vous ferez fondre du fuif, & avec un pinceau vous en couvrirez entierement vos Genouillieres à l'exception de l'Amorce : elles feront alors en état d'être tirées foit à la main, foit pour en garnir quelque Artifice Aquatique.

Le fourreau fert à foutenir les Fufées fur l'eau, en rendant cette partie plus légere qu'un pareil volume d'eau. Quant à la partie de la gorge qui n'étant foutenue par rien devroit enfoncer, la matiere enflamée qui la vuide, & la dilatation d'air qui s'y fait, la foutiennent ; & la preffion de l'air extérieur lui donne, un mouvement, que la coudure, par les obftacles qu'elle forme & qu'elle trouve dans l'eau, rend inégal & tortueux.

Lorfqu'on les charge en compofition de Fufées volantes, il faut mettre après deux charges de compofition, une demie charge de pouffier : cela les réveille, & leur fait faire un faut chaque fois que le feu trouve le pouffier.

Quand les Genouillieres font trop petites

pour y placer un Maron, il faut y mettre une charge de Poudre grainée comme aux Lardons avec un tampon, & étrangler par-dessus.

On fait de fort petites Genouillieres dont le Cartouche est de papier, que l'on peut tirer sur une table au dessert dans un grand bassin plein d'eau pour amuser ses conviés. Il faut les charger de la composition des petits Serpentaux en papier, & n'y point mettre de pet.

CHAPITRE II.

DES FUSE'ES COURANTES SUR L'EAU
QUI ONT UNE DIRECTION DROITE.

CHargez un Jet dans les mêmes proportions que les Genouillieres en brillant ou en feu commun ; collez quatre Panaceaux de carton à son extrêmité oposée à la gorge, qui soient coupés en triangle rectangle de deux diametres extérieurs de largeur, sur trois de longueur, qui serviront à lui donner une direction droite, & à soutenir sur l'eau cette partie de la Fusée qui y enfonceroit, & entraîneroit la gorge. On peut encore en leur donnant moins de hauteur, y attacher un fourreau comme aux Genouillieres, avec cette

Pl. 6.
Fig. 8.

Pl. 7.
Fig. 2.

différence qu'il doit être droit : leur mouvement ne sera pas si régulier, mais elles seront plus faciles à faire.

CHAPITRE III.

DES PLONGEONS, OU FUSE'ES QUI BRULENT SUR L'EAU ET PLONGENT POUR REPAROITRE DE NOUVEAU.

Pl. 7.
Fig. 3.

PRenez un cartouche qui ait huit diametres extérieurs de longueur, & dont l'ouverture de la gorge soit aussi large que celle d'une Fusée volante de pareil diametre. Chargez-le sur un culot sans broche, d'un mêlange de la composition des Fusées volantes & de celle des Lances par moitié : mettez, après deux ou trois charges, un plein dez de Poudre grainée, plus ou moins suivant la grosseur du cartouche, & continuez d'en mettre pareille quantité jusqu'à ce que la Fusée soit chargée. Cela sert à faire plonger la Fusée, de même qu'un Canon qui recule à proportion du plus ou du moins de Poudre dont il est chargé ; elle reparoît sur l'eau à quelque distance de là avec un feu aussi vif que lorsqu'elle y est entrée. Chargez le dernier diametre de votre Fusée avec du sable, & la fermez avec un tampon ; tournez un morceau de bois rond, plus large qu'épais, en forme d'oignon, qui ait trois fois le diametre extérieur de la Fusée ; percez-le au milieu, d'un trou assez large pour qu'elle puisse y entrer, & l'y collez au-dessous de l'étranglement. Le sable sert à lui donner dans l'eau une position perpendiculaire, & le rond de bois à la soutenir dessus.

CHAPITRE IV.

DES BARILS DE TROMPES.

PREMIERE ESPECE.

FOrmez sept gros fourreaux de Trompes, comme il a été dit dans le Chapitre qui en traite : sciez une planche en rond de la largeur des sept tuyaux unis ensemble ; tracez dessus sept ronds, un au milieu, & six autour de la largeur du diametre extérieur des fourreaux ; tracez encore un rond dans chacun, qui sera la mesure de leur diametre intérieur : clouez sur ces derniers, sept ronds de bois de pareil diametre & d'un pouce d'épaisseur, sur lesquels vous placerez vos fourreaux & les y collerez & clouerez. Les ayant ainsi arrêtés par en bas, liez-les & les unissez par en haut avec

Pl. 7.
Fig. 4. & 5.

de bonne ficelle : formez fept Trompes proportionnées aux fourreaux dans lefquels elles doivent entrer ; garniffez-les de différentes efpeces d'Artifices tant d'eau que d'air, comme Genouillieres, Plongeons, Fufées courantes de groffeur proportionnée, & de Lardons, Serpentaux & Etoiles : mettez-les dans les fourreaux, & placez une Etoupille de communication de la Fufée du milieu aux fix autres, afin qu'elles partent toutes à la fois ; entourez enfuite vos Trompes de papier collé, depuis le bas jufqu'en haut, ce qui leur donne la forme d'un Baril ; puis graiffez-le bien de fuif. Il faut attacher deux crampons fous le fond du Baril, pour y lier une pierre ou un petit fac rempli de fable, qui fert par fon poids à tenir le Baril droit & à l'enfoncer dans l'eau des deux tiers. Ce mélange de différentes efpeces d'Artifices garnit beaucoup & produit un bel effet.

SECONDE ESPECE.

FOrmez une efpece de Lanterne, avec deux planches fciées en rond & retenues par trois ou fix bâtons, dans un écartement mefuré par la hauteur des fourreaux de Trompes. Percez fept trous dans la planche de deffus, de la largeur de vos fourreaux, & à la diftance de trois à quatre pouces les uns des autres ;

clouez fur celle de deſſous, ſept rotules de bois pour fermer les fourreaux qui doivent être collés deſſus, après les avoir fait entrer dans les trous de la planche ſupérieure; placez vos Trompes dedans, & du reſte faites de même que pour l'eſpece ci-deſſus. Comme les tuyaux ne ſe touchent point, l'effet des différentes repriſes de chaque Trompe eſt plus diſtinct.

Si vous voulez que vos ſept Trompes ne prennent feu que ſucceſſivement, répandez un peu de Pouſſier dedans, avant que de les mettre dans les fourreaux; faites-y un trou avec un Poinçon vis-à-vis la derniere chaſſe, & placez une Etoupille renfermée dans un cartouche qui communique au premier Portefeu d'une autre Trompe, & ainſi des autres; mais l'effet eſt plus beau lorſqu'elles partent toutes à la fois.

CHAPITRE V.

DES POTS-A-FEU D'EAU ET BALLONS.

LEs Pots-à-feu aquatiques ont la même forme, & ſont compoſés comme les Pots à Aigrettes. La ſeule différence qu'il y ait, eſt qu'on met un contrepoids deſſous, comme aux Barils. On les garnit de Genouil-

lieres & autre Artifice d'eau ; un Jet chargé
en brillant, lié à un fac à Poudre, leur donne
feu & les jette en l'air , d'où ils retombent pour ferpenter fur l'eau. Lorfqu'ils font
fort grands , on les fait entierement de bois
de plufieurs pieces liées & jointes enfemble
avec des cercles de fer, qui fervent auffi à
jetter des Ballons de carton, faits comme il a
été dit , & garnis d'Artifice d'eau & d'air.

CHAPITRE VI.

DES JATTES OU SOLEILS D'EAU.

Pl. 6.
Fig. 7.

PRenez une grande Jatte de bois dont les
bords foient élevés ; attachez fix Jets autour , comme vous feriez autour de la roue
d'un Soleil tournant : placez dans le fond de
votre Jatte un fac à Poudre & un Jet pour y
donner feu ; piquez-le & répandez du pouffier deffus, puis rempliffez la Jatte de Genouillieres & autre Artifice, & la couvrez
d'un carton , comme on fait les Pots à Aigrettes ; placez enfuite un Porte-feu qui communique de l'extrêmité du dernier des Jets qui
forment le Soleil, à la gorge de celui qui doit
donner feu a la chaffe ; couvrez vos Jets de
papier collé, & graiffez bien le tout. Le feu
étant donné au premier fe communiquera

succeſſivement aux autres en faiſant tourner la Jatte, qui formera un Soleil ; il paroîtra enſuite un Jet de feu, qui en finiſſant fera partir une belle garniture de Genouillieres.

On peut en faire de plus compoſées, & former une Piramide de Jets & de Lances ſur la Jatte, qui doit être aſſez grande & aſſez forte pour porter une légere charpente, ſur laquelle on les attache dans différentes ſituations pour en varier l'effet.

La Jatte doit être un grand baquet, & ſa garniture des Pots à Aigrettes préparés pour l'eau, & garnis de Genouillieres, que l'on couche ſur la chaſſe qui y donne feu en les jettant.

Les Jets qui forment le Soleil tournant doivent être fort gros, pour donner le mouvement qui convient à la Machine, ou ce qui eſt encore mieux, des Fuſées volantes, dont l'effet eſt beaucoup plus vif, à cauſe qu'elles ſont percées & que d'ailleurs elles riſquent moins de crever que les Jets, qui y ſont fort ſujets lorſqu'ils ſont gros.

J'ai vu chez le ſieur Teſtard, Doyen des Artificiers à Paris, différents modéles de pieces d'eau très-compoſés, & d'une maniere fort ingénieuſe. On ne met le feu qu'a un endroit, qui ſe communique ſucceſſivement à toutes les parties de la Machine, compoſée de Jets, Lances, Napes, Pots-à-feux d'air, & Pots à Aigrettes garnis de Genouillieres, le tout

arrangé en forme de piramide, & posé sur
une espece de petit bateau octogone, dont
les bords sont peu élevés: elle ne tourne point,
mais flotte au gré de l'eau & forme elle seule
un petit Feu d'Artifice.

Une autre, est une Caisse octogone, qui a
par en haut la forme d'une Fusée, c'est-à-
dire qu'elle est plus large qu'en bas, & qu'elle
est fermée de même par un Chapiteau. Elle
est garnie en dedans d'un rang de Pots-à-feu,
au milieu desquels sont placées sur une grille
trois douzaines de doubles Marquises; elle est
soutenue sur l'eau par une bordure de planches octogone, qui l'entoure au défaut de sa
partie la plus grosse, sur laquelle bordure est
posé de l'Artifice qui forme une Piramide au-
dessus du Chapiteau, & donne feu en finissant à la Caisse. L'eau, qui entre par plusieurs
trous dans la partie inférieure de la Caisse, lui
sert de contre-poids pour la maintenir droite
sur l'eau.

CHAPITRE VII.

GRENADES QUI BRULENT
DANS L'EAU.

Faites une pâte un peu dure composée de
quatre onces de Soufre, huit onces de
Salpêtre,

Salpêtre, quatre onces de Pouffier & une once de Camphre, le tout étant en poudre, ainfi que toutes les matieres qui fervent a la Pirotechnie doivent être avant de les employer ; détrempez-les avec de l'huile de Lin & en rempliffez des cartouches ronds, ou des petits facs faits de Futaine, gros comme une pomme ; percez-les avec un poinçon jufqu'au milieu, rempliffez le trou de Pouffier & le bouchez avec de l'Amorce, & une Etoupille pour y donner feu. Ne les jettez point dans l'eau qu'elles ne foient bien allumées, & qu'elles ne commencent à faire du bruit ; elles flotteront deffus & brûleront tant que la matiere durera : la flame en eft fort blanche & fort vive.

CINQUIEME PARTIE.

Des Feux d'Artifice pour la Guerre.

CEtte cinquieme partie comprend les différentes especes de Feux dont on peut incommoder l'Ennemi, & les Machines qui servent à les lancer.

CHAPITRE PREMIER.

DES GLOBES OU BALLONS D'ARTIFICE QUI SERVENT A PORTER LE FEU CHEZ L'ENNEMI.

PREMIERE ESPECE.

FAites fondre dans un vaisseau de terre trois livres de Soufre, sur un feu modéré; jettez dedans deux livres de Salpêtre en poudre ; remuez ces matieres jusqu'à ce qu'elles foient incorporées ; ajoûtez-y trois quarterons de Colophane auſſi en poudre , & l'incorporez de même. Otez la terrine de deſſus le feu , & verſez dedans une demie livre de Pouſſier & trois quarterons de Poudre grainée ; remuez bien le tout juſqu'à ce qu'il vous paroiſſe exactement mêlangé. Verſez alors cette compoſition ſur un Marbre , formez-en des balles groſſes comme des noix , & les percez pour les enfiler avec une Etoupille, ou bien couvrez-les d'étoupes trempées dans la compoſition de l'eſpece ſuivante , & les roulez ſur du Pouſſier pour leur ſervir d'Amorce. Rempliſſez-en un Globe de bois, fait comme la Fig. 2. Pl. 11. le repréſente ; verſez du Relien dans les interſtices, autant qu'il en faut pour crever le Globe & donner feu aux Balles ; la poudre trop violente ne les allumeroit pas ſi bien : collez & clouez le couvercle deſſus , & placez une Fuſée dans un trou qui y eſt fait pour la recevoir. Les Fuſées des Bombes & des Grenades ſont de bois, & quelquefois de cuivre ; mais il ſuffit de faire celle-ci de carton bien fort & bien collé dans le trou, qui doit être plus petit que la Fuſée, dont on retranche un peu de carton pour la faire entrer à force. La compoſition dont on la charge eſt du Pouſſier ralenti avec du Charbon à tel dégré que l'on veut. Votre Globe ainſi préparé, jettez-le avec un Mortier auquel il ſoit proportionné ; en donnant pre-

mierement feu à la Fusée , elle doit le communiquer au Globe étant en l'air, & avant
qu'il ait touché l'endroit que l'on veut embra-
ser : si ce sont des maisons couvertes de paille
ou de bois, elles seront immanquablement
consumées par cet Artifice, que l'on nomme
pluye de feu. L'eau ne l'éteint point : les
habits & les cuirasses même ne garantissent pas de ce feu ; comme il est gras & té-
nace, il s'y attache & les perce.

SECONDE ESPECE

A l'usage de la Mer.

Prenez du Soufre quatre livres, de la Poix
noire une livre, Colophane une livre, Salpêtre deux livres, Suif une demie livre. Faites
fondre ces matierés dans un vaisseau de terre
en commençant par le Soufre ; mêlez-les jusqu'à ce qu'elles soient bien incorporées , &
les ayant tirées de dessus le feu, ajoûtez-y une
livre & demie de Poussier, & remuez bien le
tout. Trempez ensuite des Etoupes de Chanvre dedans, & les en imbibez bien. Il vous faut
frotter les mains d'huile pour empêcher cette
matiere de s'y attacher, & pour toutes les
compositions dans lesquelles il entre de la
Résine ou de la Poix.

Faites fondre des Boulets en forme d'Etoi-

les, comme la Fig. 2. Pl. 10. vous en représente un : entrelassez les pointes de l'Etoile
& remplissez-en bien les vuides avec de ces
étoupes, de maniere que les pointes n'excedent
la Boule, que ces Etoupes doivent former,
que de quelques lignes ; poudrez bien cette
Boule avec du Poussier & la placez dans un
Canon sur la Poudre,

Son usage particulier sera de la tirer contre le corps d'un vaisseau ennemi à fleur d'eau
pour le percer & y mettre le feu ; cette composition brûle dans l'eau.

On peut aussi garnir de même des Boules de
bois de pointes de fer & d'Etoupes, avec cette
différence qu'elles ne perceront point le Vaisseau ; mais elles s'y attacheront & y mettront
le feu.

TROISIEME ESPECE.

Pour le même usage.

FOrmez un Rouleau de bois percé au milieu, & le garnissez sur son épaisseur de
six fers de fleches fort courts, comme la Fig.
4. Pl. 12. le représente. Trempez des Etoupes
dans la composition précédente ; remplissez-
en l'entre-deux des fleches, en les entrelassant
avec ; & les poudrez de Poussier. Préparez
ainsi six, huit, ou douze Rouleaux, suivant

la longueur de votre Canon. Le trou du premier & du dernier de ces Rouleaux doit être barré d'une petite verge de fer, qui sert à y attacher une chaîne qui les traverse tous & leur donne lieu de s'étendre & d'embrasser plusieurs choses. Liez ensuite vos Rouleaux ensemble avec de bonne Etoupille, & placez le Cilindre qu'ils forment dans un Canon, sur la Poudre : pointez-le sur les cordages & voiles d'un Vaisseau.

Il est mieux de donner feu au Canon par la bouche, en le mettant aux Etoupilles par un bout qu'on y laisse pendre.

QUATRIEME ESPECE.

Pour le même usage.

Faites fondre sur le feu égales portions de Soufre, Salpêtre, Poix noire, Poix résine, Térébentine & Poussier ; mêlez & incorporez bien le tout. Prenez un petit Boulet de fer d'un moindre diametre que celui du Canon ; trempez-le dans cette composition, puis le roulez sur de la Poudre grainée, de maniere qu'il en soit tout couvert ; enveloppez-le ensuite dans de la toile de Coton que vous lierez au-dessus ; retrempez-le dans la composition, roulez-le sur de la Poudre & le couvrez d'une seconde toile, que vous lierez comme la premiere. Réitérez quatre fois cette opération ou plus, supposé qu'il n'ait pas acquis la grosseur qu'il doit avoir, & finissez par le rouler sur la Poudre : coupez ce qui excede la ligature, & le placez dans le Canon sur la Poudre qui y donnera feu : tirez-le sur quelque chose de combustible, il l'enflamera ; & jusqu'à ce que la composition (qui s'y attachera) soit consumée, il sera impossible de l'éteindre avec de l'eau.

CINQUIEME ESPECE.

Pour le même usage.

Faites fondre des Boulets dont la surface soit cannelée, comme la Fig. 7. Pl. 12. le représente. Garnissez la cannelure d'Etoupe trempée dans la composition ci-dessus; roulezle sur du Poussier & le placez dans le Canon sur la Poudre. Le boulet de l'espece ci-dessus, n'embrase que la premiere chose qu'il touche; mais celui-ci qui emporte son feu, le communique à toutes les matieres combustibles qu'il trouve dans son chemin.

SIXIEME ESPECE.

Préparez un Sac de grosse Toile, un peu moins large que l'intérieur du Mortier Pl. 11. Fig. 3. & 4.

dont vous devez vous fervir, & de pareille
hauteur ; empliffez-le de la compofition fui-
vante, en Poudre bien foulée.

	liv.	onces.	gr.
Pouffier.	6.	o.	o.
Salpêtre.	4.	o.	o.
Soufre.	2.	o.	o.
Colophane. . . .	1.	o.	o.

Placez dedans un tuyau de bois qui fervira à lui donner feu, puis fermez & liez bien
l'ouverture du fac deffus.

Placez fur le haut du fac un anneau de fer
un peu plus large que le tuyau qui doit paffer dedans, & un autre deffous le fac ; paffez
une corde dans ces anneaux, & formez avec,
une efpece de rézeau autour du fac, qui fert
à le foutenir & à l'empêcher de crever, foit en
partant, foit dans fa chaffe.

Faites un trou dans chaque quarré du rézeau avec une cheville de fer pointue ; &
dans chaque trou mettez un petard, qui eft
un petit Canon de Fufil de quatre à cinq
pouces de long, percé d'une lumiere & chargé
à balles.

Achevez d'emplir le tuyau de compofition bien foulée ; & l'ayant mis dans le Mortier, l'ouverture du tuyau fur la Poudre,
donnez-y feu. Son effet eft d'embrafèr les
chofes combuftibles fur lefquelles il tombe ;
& les Pétards, qui tirent à chaque inftant,

écartent ceux qui voudroient s'en approcher
pour en empêcher l'effet.

SEPTIEME ESPECE.

CHargez des Grenades dont vous bou-
cherez le trou avec de l'Amorce, sans
y mettre de Fusée : remplissez-en un Baril re-
lié de cercles de bois, avec de la Poudre dans
les interstices ; placez ce Baril au milieu d'un
sac de toile, que vous remplirez de la composition ci-dessus, ensorte qu'il y en ait égale
épaisseur tant dessus que dessous & autour ;
liez le sac sur un tuyau de bois rempli de pareille composition, & le couvrez de cordes
passées dans des anneaux, comme celui de l'espece ci-dessus.

HUITIEME ESPECE.

EMplissez un Baril de coupeaux trempés
dans la composition de la deuxieme espece, & mêlez-y de la Poudre à moitié
écrasée pour le faire crever; mettez-y une Fusée qui lui donne le tems de retomber sur
l'endroit que l'on veut brûler : placez ce
Baril au milieu d'un sac de peau, rempli de
Sable pour y donner du poids, & couvert de
cordes comme les précédens. Ce Ballon doit

être fort gros pour faire l'effet qu'il convient. On le jettera avec un Pierrier, qui est un Mortier fort large, dont on se sert pour jetter des pierres placées dans un panier.

NEUVIEME ESPECE.

Appellée Carcasse.

UNe Carcasse est un Globe ou Balle à feu, de figure oblongue en forme d'œuf, plus gros par un bout que par l'autre ; elle est composée de deux cercles de fer passés en croix l'un sur l'autre, attachés sur une espece de Bassin de fer fait comme celui d'une Balance. On la remplit de Grenades, de Pétards, & de la composition de la sixieme espece dans les interstices ; on la couvre ensuite de toile gaudronnée, poudrée d'un peu de Poussier, qui prenant feu en sortant du Mortier, va le porter au lieu où elle tombe, & y fait beaucoup de désordre.

CHAPITRE II.
DES FEUX QUI SERVENT A ECLAIRER.

PREMIERE ESPECE.

Pelote de feu qui brûle & éclaire tant sur terre que sur l'eau.

FAites fondre trois livres de Soufre, une livre de Poix résine, une livre de Salpêtre ; ajoûtez-y une livre de grosse Poudre grainée ; mêlez & incorporez bien le tout ; trempez des Etoupes dedans ; formez-en des boules de la grosseur que vous voudrez. Les ayant allumées, jettez-les à la main ; elles rendront un feu fort clair. Lorsqu'elles sont fort grosses & que l'on veut les jetter loin, il faut se servir de la Bascule ou du Mortier.

SECONDE ESPECE.

Flambeaux que le vent & la pluye ne peuvent éteindre

PRenez de vieilles cordes & les faites bouillir dans de l'eau de Salpêtre, puis faites-les bien sécher ; passez-les ensuite dans une pâte faite avec parties égales de Poussier & de Soufre , détrempés avec de l'Eau-de-Vie ; prenez ensuite trois parties de Cire, trois parties de Poix , une partie de Soufre , une demie partie de Camphre & une demie partie de Térébentine. Trempez vos cordes dans ces matieres mêlées & fondues ; mettez-en quatre ensemble , au milieu desquelles vous renfermerez une composition seche d'une partie de Chaux vive & de trois parties de Soufre. Lorsque ces Flambeaux seront allumés , il n'y a ni vent ni pluye qui puissent les éteindre.

TROISIEME ESPECE.

FAites faire un petit sac de toile de la longueur & de la grosseur dont vous voulez faire votre Flambeau ; faites ensuite une pâte un peu dure avec deux onces de Gomme Arabique , deux onces de Poix résine , quatre onces de Soufre , six onces de Salpêtre , demie livre de Poudre , & demie once de Camphre : humectez le tout d'huile de Lin , & formez une pâte dont vous remplirez le sac , au bout duquel vous mettrez une meche trempée dans de la Roche à feu.

QUATRIEME ESPECE.

Roche à feu.

LA Roche à feu est une composition solide qui se consume lentement, mais dont le feu, qui est lumineux & fort vif, ne s'éteint point dans l'eau. On s'en sert, en la faisant fondre, à couvrir les choses que l'on veut faire paroître en feu, ou enflamer lorsqu'elles sont combustibles : on l'employe dans bien des cas pour des feux de Guerre & même aussi pour ceux de Spectacle. Voici la meilleure maniere de la préparer

	liv.	onces.	gr.
Soufre fondu lentement.	1.	0.	0.
Salpêtre. . . .	0.	4.	0.
Poussier. . . .	0.	4.	0.
Poudre grainée. . .	0.	3.	0.

Jettez le Salpêtre dans le Soufre, & quand il vous paroîtra fondu & incorporé, ôtez la matiere de dessus le feu & y versez le Poussier ; remuez bien le tout, & quand elle commencera a se refroidir, ajoûtez-y la Poudre grainée.

CHAPITRE III.

TENEBRES ARTIFICIELLES.

PRenez de la Poix navale en Pierre quatre livres, Poix liquide ou Gaudron deux livres, Colophane six livres, Soufre huit livres, Salpêtre trente livres; faites fondre toutes ces drogues sur des charbons ardents; ajoutez-y après huit livres de Charbon, six livres de sieure de Sapin, & deux livres de Corne de Bœuf; incorporez bien toutes ces matieres; puis trempez dedans des Etoupes & formez-en des pelotes grosses comme des œufs; roulez-les sur le Poussier & en remplissez des Ballons de bois ou de carton, pour les jetter avec le Mortier. Ils répandront une grande fumée, qui nuira beaucoup à l'Ennemi & l'empêchera de vous observer.

CHAPITRE. IV.

DES POTS OU CRUCHES A FEU.

Pl. 12.
Fig. 6.
REmplissez des Grenades de Poudre, & sans y mettre de Fusées, bouchez-les seulement avec de l'Amorce; mettez autant que

vous voudrez de ces Grenades dans une Cruche de terre; remplissez les interstices de Poudre, & la bouchez avec une peau de Mouton bien liée autour du col : puis attachez une meche à chaque anse de la Cruche , de celle qu'on appelle meche commune. Ce Vaisseau ainsi préparé & les meches étant allumées, on le jette sur l'Ennemi du haut d'une muraille dans le tems qu'on monte à l'assaut : elle se casse en tombant ; la meche donne feu à la Poudre & aux Grenades. On pourroit en jetter dans les Travaux des Ennemis , lorsqu'ils sont fort proches, en se servant d'une Bascule , faite comme la Fig. 5. Pl. 12. la représente, & par le même moyen en jetter au défaut de Bombes dans la Place que l'on assiege.

On peut aussi se servir de ces Cruches dans les Combats sur mer lorsqu'on vient à l'abordage : les deux especes que je vais décrire feront de terribles effets, étant jettées dans un lieu si étroit parmi la confusion des Soldats & des Matelots.

Remplissez vos Cruches (qui doivent être de la grandeur qu'il convient pour les lancer à la main) de pluye de feu & de Poudre dans les interstices : l'effet en sera tel , que la Poudre dispersant ces balles de feu, elles enflameront toutes les parties du Vaisseau où elles s'attacheront.

L'autre maniere de les garnir, est de met-

tre au fond de la Cruche la huitieme partie
de Poudre de ce quelle contient, & de la
remplir enfuite (à la réferve d'une autre huitieme partie qui fera pour y mettre encore
de la Poudre) d'une compofition faite avec
quatre livres de Chaux vive, deux livres de
Pouffier, une livre de Soufre, & une livre
de Sel commun, le tout paffé au tamis de foye.
Son effet fera de jetter un tourbillon de flame de fumée & de pouffiere qui aveuglera
ceux qui s'y trouveront expofés.

Lorfque les Cruches n'ont point d'ance,
on peut coller la meche deffus, avec du Maf-
tic ou de la Poix.

CHAPITRE V.

DES MECHES.

PREMIERE ESPECE

Appellée Meche commune.

L A Meche dont on fe fert pour mettre
le feu au Canon & aux Mortiers, eft une
corde groffe comme le doigt, faite d'Etoupe
de Chanvre filée, peu torfe & couverte de
gros Chanvre, avec lequel on la fert bien.

Faites une Leffive de trois parties de cendres
de

de Chefne, une partie de Chaux vive, deux
parties de fuc de fiente de Cheval, bien cou-
lé & paffé par un drap de laine, & une
partie de Salpêtre; verfez cette Leffive fur
les Cordes difpofées dans une Chaudiere, &
les faites bouillir pendant deux jours, en y
remettant toujours de cette Leffive à mefure
qu'elle diminue ; après quoi retirez-les de
la Chaudiere, & les pendez fur des perches
pour les faire fécher.

On connoît la bonne Meche, lorfqu'elle
fait un charbon dur qui fe termine en pointe,
& qui réfifte lorfqu'on le preffe contre quelque chofe. Un bout de quatre à cinq pouces doit durer une heure.

DEUXIEME ESPECE.

Meches qui ne rendent ni fumée, ni mauvaife
odeur.

AYez du fable dont les Fondeurs fe
fervent pour faire leurs Moules, bien
tamifé & bien net ; mettez-en dans un pot
de terre, non verniffé, la hauteur d'un pouce;
prenez de la Meche de l'efpece ci-deffus &
l'arrangez fur ce fable en forme fpirale, de
maniere qu'il y ait un demi doigt d'intervalle
entre chaque révolution de Cordes, afin qu'elles ne fe touchent pas ; verfez deffus du nouveau fable, fur lequel vous remettrez encore

O

des Cordes, en continuant ainſi de mettre un lit de Cordes & un lit de ſable, juſqu'a ce que le pot ſoit rempli. Fermez-le avec un couvercle de même matiere, & bouchez-en la jointure avec de la terre à Potier, afin qu'il n'y entre point d'air ; allumez du Charbon autour, & lorſque vous jugerez que vos Meches ſeront brûlées, diminuez le feu par dégrés, & laiſſez refroidir le pot avant de les tirer.

On peut cacher ces Meches dans quelque endroit que l'on veut, ſans craindre qu'elles ſe faſſent découvrir par aucune odeur ni fumée ; ſi l'on veut les faire durer plus longtems, il faut les couvrir de cendres de bois de Genievre.

CHAPITRE VI.

DES FEUX CACHE'S QUI DOIVENT FAIRE LEUR EFFET AU BOUT D'UN TEMS LIMITE'.

PREMIERE ESPECE.

FOrmez ſur un Globe de bois, tel que la Fig. 3. Pl. 10. le repréſente, une cannelure en forme ſpirale proportionnée à la groſſeur de la Meche qui doit être couchée dedans : rempliſſez l'intérieur de votre Globe

de la composition suivante, dont vous ferez
une pâte en l'humectant d'Eau-de-vie.

	liv.	onces.	gr.
Poussier. . . .	3.	0.	0.
Salpêtre. . . .	1.	0.	0.
Soufre. . . .	1.	0.	0.
Colophane. . . .	0.	8.	0.

Collez dans la cannelure une Meche de
l'espece qui ne rend ni fumée ni odeur, avec
de la Gomme indiquée au Chapitre 15. pour
empêcher le bois de brûler, dont un bout
entrera dans l'orifice du Globe pour y porter
le feu. Ayant calculé la durée de votre Meche par l'essai que vous en aurez fait sur un
pouce qui aura, je supose, duré un quart d'heure, vous serez certain que votre Globe fera
son effet dans tel tems & embrasera l'endroit
où vous l'aurez caché.

L'usage de ces Gloges est pour mettre le
feu dans des Arsenaux & Magazins, même
à des convois de Poudre dans lesquels il est
facile de les cacher, pouvant les réduire en
aussi petit volume, & leur donner telle forme que l'on veut. Il faut alors diminuer la
grosseur de la Meche en la faisant filer plus
menue, & augmenter la force de la composition en réduisant à moitié ou même au quart
le Salpêtre, Soufre & Colophane, qui ralen-
tissent l'effet de la Poudre. On peut transporter ces Feux tout allumés, en les renfermant
dans des Boetes remplies de cendres de Ge-

nievre, ou frottées de la Gomme ci-deſſus ; pour peu qu'ils ayent d'air par les jointures de la Boete, ils ne s'éteindront point.

DEUXIEME ESPECE,
fort ſimple.

PRenez un cartouche, & l'ayant fermé par un bout avec un tampon, chargez-le juſqu'à la moitié de ſa hauteur ſur un culot ſans broche avec la compoſition ci-deſſus ſans la mouiller ; mettez un bout de Meche, de la groſſeur du tiers de ſon diametre intérieur ; rempliſſez le vuide qui eſt autour avec des cendres, & l'allumez; étranglez enſuite le cartouche par-deſſus, de façon qu'il n'y reſte qu'une petite ouverture pour donner air à la Meche, qui en finiſſant donnera feu à la compoſition.

TROISIEME ESPECE.

Baril d'Artifice dont l'effet eſt à commandement.

Pl. 12.
Fig. 3.

PErcez un trou au milieu d'un Baril, & un autre pareil du côté oppoſé ; défoncez-le par un des bouts, & le rempliſſez juſqu'à la hauteur des trous de Grenades ſans Fuſées, mais amorcées comme celles dont on garnit les cruches ; rempliſſez les interſtices de Poudre grainée. Placez enſuite un tuyau de bois à travers du Baril d'un trou à l'autre ; percez-y quelques petits trous, & collez dedans, avec de l'Amorce, des Etoupilles qui pendent dans sa cavité ; après quoi achevez de remplir votre Baril de Grenades & de Poudre, & le foncez. L'ayant ainsi préparé cachez-le dans quelque endroit où vous sçavez que l'Ennemi doit passer ; enfilez une Meche dedans, dont un bout soit allumé ; attachez-y une corde assez longue pour aller jusqu'à l'endroit où vous devez vous tenir caché, laquelle, en la tirant, fera passer la Meche allumée au travers du tuyau qui donnera feu aux Etoupilles & au Baril. On peut juger quel effet doit faire un pareil Artifice tiré à tems sur des gens qui ne s'en méfient point.

CHAPITRE VII.

COMMENT ON PEUT FAIRE CREVER UNE BOMBE EN TOUCHANT LA TERRE.

IL y a des cas où il seroit très-important qu'une Bombe pût crever en touchant la terre : jusqu'à présent il n'y a eu que le hazard qui ait produit cet effet ; j'ai essayé différens moyens, voici ce que j'ai trouvé de plus simple.

Faites fondre des Bombes, qui outre le trou ordinaire, soient percées de deux trous opposés qui partagent le Globe par la moitié. Ayez un tuyau de bois de même diametre que les trous ; introduisez-le dedans , & le faites déborder d'un demi diametre de chaque côté de la Bombe qu'il traverse : bouchez bien l'endroit où il joint la Bombe (pour que le feu du Mortier ne puisse s'y introduire), avec un Mastic fait d'une partie de Chaux vive , une de Plâtre & une de Limaille de fer. Ayant tamisé le tout, formez-en avec de l'eau, une pâte dont vous vous servirez à cet effet.

Placez un demi cercle de fer, ou une espece d'anse sur les bouts du tuyau , sur lesquels elle doit être très-mobile , afin qu'elle puisse toujours tendre en bas par son poids dans quelque situation que soit la Bombe. Sa circonférence doit être telle , qu'il y ait un espace d'un quart de diametre entre elle & la Bombe dans son milieu, comme les Fig. 1. & 2. Pl. 12. le représentent. Emplissez-la de Poudre par l'ouverture ordinaire . & la fermez après avec un bouchon de bois mis à force & couvert de Mastic : trempez un bout de Meche dans de l'Eau-de-vie & le roulez sur de Poussier : entourez-le d'Etoupille , dont vous laisserez pendre deux grands bouts : renfermez cette Meche dans le tuyau , & le bouchez à chaque bout avec une rotulle de bois collée dedans & percée au milieu, tant pour y donner air que pour passer les bouts d'Etoupille ; posez un Hémisphere de bois

creux dans le Mortier, pour remplir le vuide
que les bouts du tuyau laissent autour de la
Bombe, & la placez dedans, l'anse tournée dessus : nouez les deux bouts d'Etoupille ensemble , & les laissez pendre en dehors. Donnez-
y feu & en même tems au Mortier ; l'anse,
qui par son poids sera toujours tournée contre terre , comme je l'ai déja dit , brisera en
la touchant, le tuyau, dont les extrêmités
la portent & lui servent de Tourillons : le
tuyau brisé donnera entrée à la Poudre dans
sa cavité qui renferme la Meche allumée, &
la Bombe crévera dans le même instant.

CHAPITRE VIII.

CERCLES, SPHERES, COURON-
NES ET BARILS D'ARTIFICE.

ON garnit des Cercles de tonneaux avec
des Etoupes trempées dans des compositions fondues , telle que celle de la deuxieme
espece du premier Chapitre, que l'on lie dessus avec du fil de fer. Lorsqu'on en attache
deux ou trois les uns dans les autres , on appelle Sphere cet assemblage qui en a la forme.

On remplit aussi des sacs longs & fort
étroits de la composition des Globes de la
sixieme espece , que l'on attache sur un cer-

cle de fer, un en dehors & un autre en dedans, dans lesquels on fait des trous de distance en distance pour y placer des Pétards & des pointes de fer, & d'autres plus petits pour des Etoupilles, qui communiquent le feu à plusieurs endroits à la fois.

Ces cercles ainsi garnis se nomment Couronnes. On les couvre de Roche à feu, & on s'en sert pour jetter sur l'Ennemi lorsqu'il monte à l'assaut.

On employe aussi, pour défendre une Breche, des Tonneaux ou grands Barils enfilés sur un Essieu de bois, creux, porté par des roues, lesquels sont remplis de Grenades & de Poudre. On y donne feu par l'Essieu qui est rempli de composition; ou si l'Essieu est de fer, on le donne par la Bonde, dans laquelle on place un tuyau de bois chargé de composition un peu lente; & on fait rouler la Machine sur l'Ennemi.

CHAPITRE IX.

COMMENT ON PEUT TIRER PLUSIEURS COUPS DE SUITE AVEC UN FUSIL ORDINAIRE.

Faites faire une Baguette à plein calibre au Fusil dont vous voulez vous servir, qui ait à l'un des bouts une pointe de fer de cinq lignes de longueur sur une ligne d'épais-

seur dans sa base : chargez-le de Poudre &
le bourrez, comme à l'ordinaire, avec du papier ; percez la bourre avec la pointe ; mettez
une pincée de Poussier dessus ; mettez ensuite
une balle qui ne remplisse pas entierement
le calibre , afin de laisser une communication
au feu ; versez dessus autant de composition
qu'il en faut pour remplir la hauteur d'un
demi diametre intérieur ; étant bien foulée,
battez-la de trente ou quarante coups de baguette , puis mettez dessus une charge de Poudre , une bourre percée , une pincée de Poussier , une balle & un demi diametre de composition : continuez à le remplir de même
jusqu'à un pied du bout du Canon. Collez-
y une Etoupille , & donnez-y feu avec une
Meche , il tirera d'instant en instant , & vous
aurez le tems d'en changer la visée à chaque
coup , & de le diriger comme vous voudrez.

Lorsque j'ai fait cette épreuve, je craignois
que la composition n'altérât le canon & ne
le fit créver ; mais l'expérience m'a fait voir,
après une douzaine d'épreuves , qu'elle n'y
causoit aucune altération sensible. J'ai choisi
la composition dans laquelle il entre le moins
de Soufre , qui est ce qui altere le plus les
Métaux. La voici.

	Livre.	onces.	gr.
Salpêtre.	1.	0.	0.
Aigremore. . . .	0.	8.	0.
Soufre.	0.	2.	0.

La suye ou crasse , que cette composition

pourroit laiffer , eft emportée par la Poudre grainée & la bourre. Il n'en paroît point , après que le Fufil a tiré , & on peut recharger plufieurs fois fans le laver.

Si l'on faifoit ufage de cette maniere de charger , il faudroit premierement , fe fervir de canons de cuivre, qui réfiftent mieux que le fer au feu du Salpêtre & du Soufre ; & en fecond lieu, conduire une Etoupille dans un canal ou rainure depuis le Baffinet jufqu'au trou percé à un pied du bout du Canon pour y donner feu avec la Platine,& n'y point percer de lumiere.

On pourroit charger de même les Machines que l'on appelle Orgues , qui font compofées de canons de Fufils attachés enfemble fur une même ligne & qui partent tous d'un même feu , dont on fe fert pour défendre les Bréches. L'effet en feroit d'autant plus terrible , qu'à chaque décharge on auroit le tems de diriger la Machine d'un autre côté.

CHAPITRE X.

COMMENT ON PEUT JETTER DES TONNEAUX REMPLIS DE BOMBES ET AUTRES MASSES D'UN GRAND POIDS.

FAites une efpece de Puits dans terre, incliné d'autant de dégrés qu'il eft néceffaire, eu égard à l'éloignement de la place sur laquelle il doit faire son effet ; donnez-lui de profondeur quatre à cinq fois son diametre ; creusez au fond une chambre, comme celle d'un Mortier, de grandeur à contenir juste la quantité de Poudre qui convient, & la revêtissez de bonne Maçonnerie ; placez dedans un Baril de Poudre qui en remplisse toute la capacité ; pratiquez un canal depuis la chambre jusqu'à la bouche, dans lequel vous placerez un tuyau de bois, qui renfermera une grosse Etoupille ; placez un tonneau sur la chambre & le remplissez de Bombes garnies de leurs Fusées avec du Poussier mêlé parmi, pour que le feu de la chambre s'y communique ; attachez un anneau de fer au bout de l'Etoupille qui sort hors du Puits ; passez dedans une Meche allumée par un bout ; attachez une corde à l'autre, assez longue pour vous retirer fort loin ; jettez une poignée de Poussier sur l'anneau, & étant allé vous poster au bout de votre corde, tirez-la : la Meche en sortant de l'anneau donnera feu au Poussier & à l'Etoupille qui fera dans l'instant jouer la Machine.

Ce Tonneau doit être fort épais & garni de bonnes bandes de fer, tant sur les douves que sur le fond, afin que la Poudre puisse agir sur toute la masse ; ce qui n'arriveroit pas si le Tonneau se brisoit : la Poudre alors qui n'agiroit que sur des parties séparées auroit moins de force. Le Tonneau étant hors

du Puits fe fépare des Bombes , étant trop
léger , & trouvant trop de réfiftance dans
l'air pour les fuivre ; elles s'écarteront lés
unes des autres, & iront tomber dans différens
endroits où elles feront leur effet ordinaire.

Si vous voulez qu'elles tombent dans un
même lieu & toutes raffemblées; faites faire
une efpece de cage de charpente liée de fer
à chaque emboeture, dans laquelle vous les
renfermerez.

On peut former une Bombe de pierre de
la maniere qui fuit, qui étant jettée avec
un tel Mortier feroit un effet bien terrible.

Imaginez un Globe coupé par la moitié,
puis chaque moitié en quatre. Taillez des
pierres de la même forme , & donnez à chaque partie fa portion de la concavité que la
Bombe doit avoir ; affemblez vos Pierres
avec du Ciment ou du Plâtre, & les liez de
quatre cercles de fer. Les Cailloux des Moulins & toutes les groffes Meules font faites
ainfi de pierres raffemblées jointes avec du
Plâtre & liées d'un cercle de fer, qui réfiftent
pendant des vingt années à un mouvement
continuel & violent. J'ai vu des Meules qui
étoient de dix morceaux. Ainfi il eft hors de
doute que votre Bombe réfiftera à l'impulfion
de la Poudre , & qu'elle fera portée entiere
jufqu'à l'endroit où elle doit créver. L'ayant
donc liée de cercles de fer, empliffez-la de
Poudre , & placez-y une Fufée faite avec
un tuyau de bois bien fort & chargée d'une

compofition convenable ; conduifez une Etoupille de la bouche du Puits jufqu'à la Fufée & delà à la chambre, & donnez-y feu comme il a été dit.

Voici une autre Machine que vous pouvez faire jetter à votre Puits, dont l'effet ne fera pas moins meurtrier : je l'appelle un Brulot.

Prenez des folives de Sapin bien fec, qui ayent de longueur deux fois le diametre du Puits, & autant qu'il en faut pour en remplir la largeur ; percez un trou à chaque, jufqu'aux trois quarts de fa longueur ; rempliffez-le de Poudre, à la réferve d'un quart, dans lequel il faut mettre du fon pour empêcher la communication du feu, & le fermer avec un bouchon de bois entré à force, mais de maniere qu'il ne faffe point fendre la folive. Couvrez les pieces de bois de Godron ; puis clouez, en cinq ou fix endroits de chaque, des étoupes trempées dans la compofition de la deuxieme efpece du premier Chapitre ; clouez auffi à chaque bout & fur chaque face de vos folives, un petit liteau de bois, d'un pouce ou un pouce & demi d'épaiffeur, qui fervira, lorfqu'elles feront liées, à les empêcher de fe toucher pour donner paffage à l'air, afin qu'elles s'enflament plus facilement ; raffemblez-les enfuite, & les liez tant en haut qu'en bas, avec des chaînes de fer ; couvrez l'un des bouts de votre Brulot de deux rangs de planches taillés en rond & cloués l'un

fur l'autre., le fecond rang d'un fens contraire au premier, pour que la force de la
Poudre ne foit pas divifée. Placez-le dans le
Puits fur la Poudre, qui en le jettant mettra le feu aux étoupes ; il tombera tout enfla-
mé, & lorfque la Poudre, que chaque piece
de bois renferme, viendra à prendre feu, elle
les difperfera en mille morceaux, qui feront
un fracas épouvantable.

CHAPITRE XI.

MORTIERS DE BOIS PROPRES A JETTER DES GRENADES.

CANONS DE CAMPAGNE DE MEME MATIERE.

LEs Figures 1. 2. 3. 4. & 5. Pl. 13. vous
repréfentent un Mortier & un Canon de
bois, formés chacun de fept pieces, fçavoir
le corps qui eft de fix coupées dans fa longueur, & la culaffe qui fait la feptieme, autour de laquelle on les arrange; puis on les
couvre de plufieurs tours de corde de groffeur proportionnée. Ces Canons & Mortiers
peuvent être employés au défaut d'autres
dans des occafions imprévues, & dans des cir-
conftances qui ne permettroient pas d'en tranf-
porter de Métal. Les petits portent une auffi
forte charge que ceux de Métal, & les

gros pourroient fervir pour battre à ricochet,
qui eſt, lorſqu'on ne met dans la piece qu'un
quart au plus de ſa charge pour porter le
Boulet à toute volée chez l'Ennemi, où étant
tombé, il fait pluſieurs bonds & ricochets.
Leur repréſentation & ce que j'en ait dit à
l'occaſion des Ballons, ſuffiſent pour mettre
en état de les exécuter.

CHAPITRE XII ET DERNIER.

ESPECE DE BALISTE POUR JETTER DES CRUCHES A FEU.

LA Cruche à feu eſt une des meilleures
eſpeces d'Artifice & des plus ſûres pour
incommoder l'Ennemi, mais dont on ne fait
gueres uſage, ne pouvant être jettée avec
le Mortier à cauſe de ſa fragilité. Je donne
Pl. 12. Fig. 5. le deſſein d'une eſpece de Baliſ-
te avec laquelle on pourra en jetter à une
grande diſtance, & même juſque dans les travaux des Ennemis. La principale piece, que
j'appelle Baſcule, eſt placée entre deux po-
teaux plantés dans terre, & eſt mobile ſur un
Eſſieu qui les traverſe; elle a une cavité dans
le bout de ſa partie la plus longue, qui eſt
le ſiege de la Cruche : deux Arbalêtes formées
de longues & groſſes Perches retenues dans
des pieux plantés dans terre, auſquelles elle
eſt attachée tant en haut qu'en bas, & qui

ſe bandent lorſqu'on la baiſſe, la font relever avec une grande roideur & lui donnent la force de lancer la Cruche à une grande diſtance. L'une de ces Arbalêtes placée devant, fait effort pour ramener la partie d'en haut à laquelle elle tient par une corde qui la bande lorſqu'on baiſſe cette partie ; l'autre qui eſt par derriere , agit de même contre la partie d'en bas. Des hommes tirent une corde attachée au bout de ſa partie la plus longue, qu'ils amenent , juſqu'à ce qu'elle ſoit dans une poſition horiſontale ; ils placent alors la Cruche garnie de Meches allumées , & laiſſent échaper la corde. La Baſcule part & eſt retenue, après avoir fait ſon effet, dans une ſituation droite , par une ſeconde corde attachée à l'Arbalête de devant & à ſa partie baſſe.

F I N.

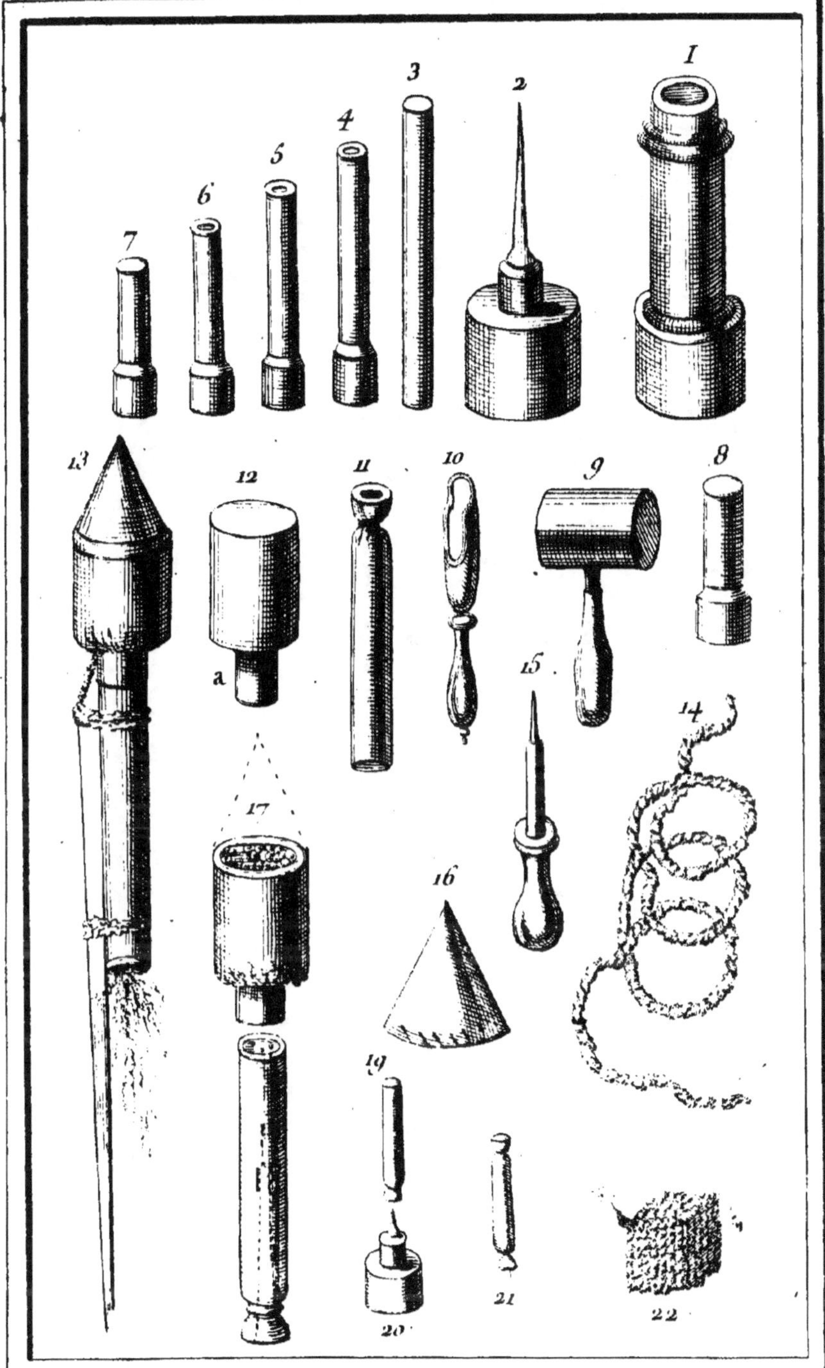

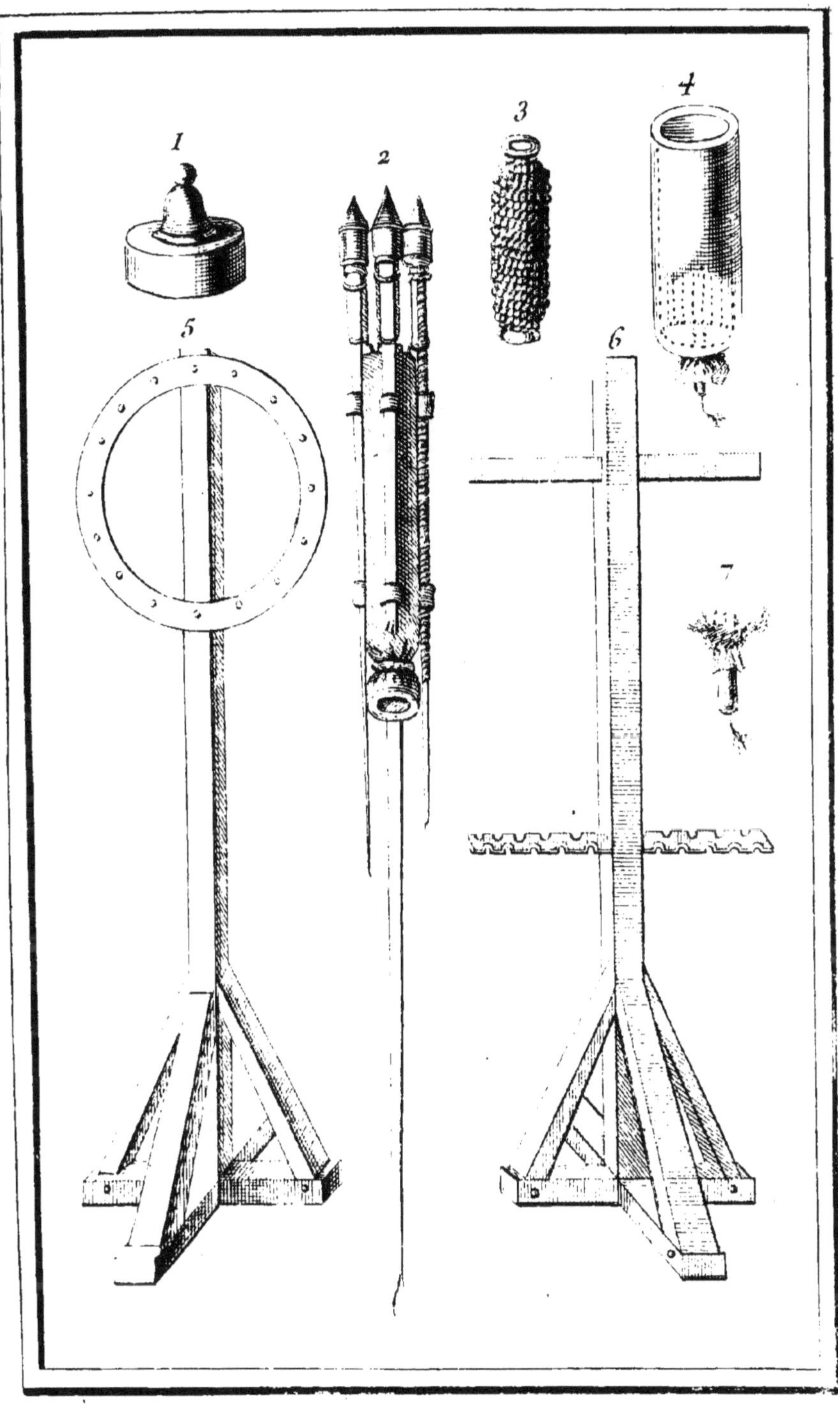
1
2
3
4
5
6
7

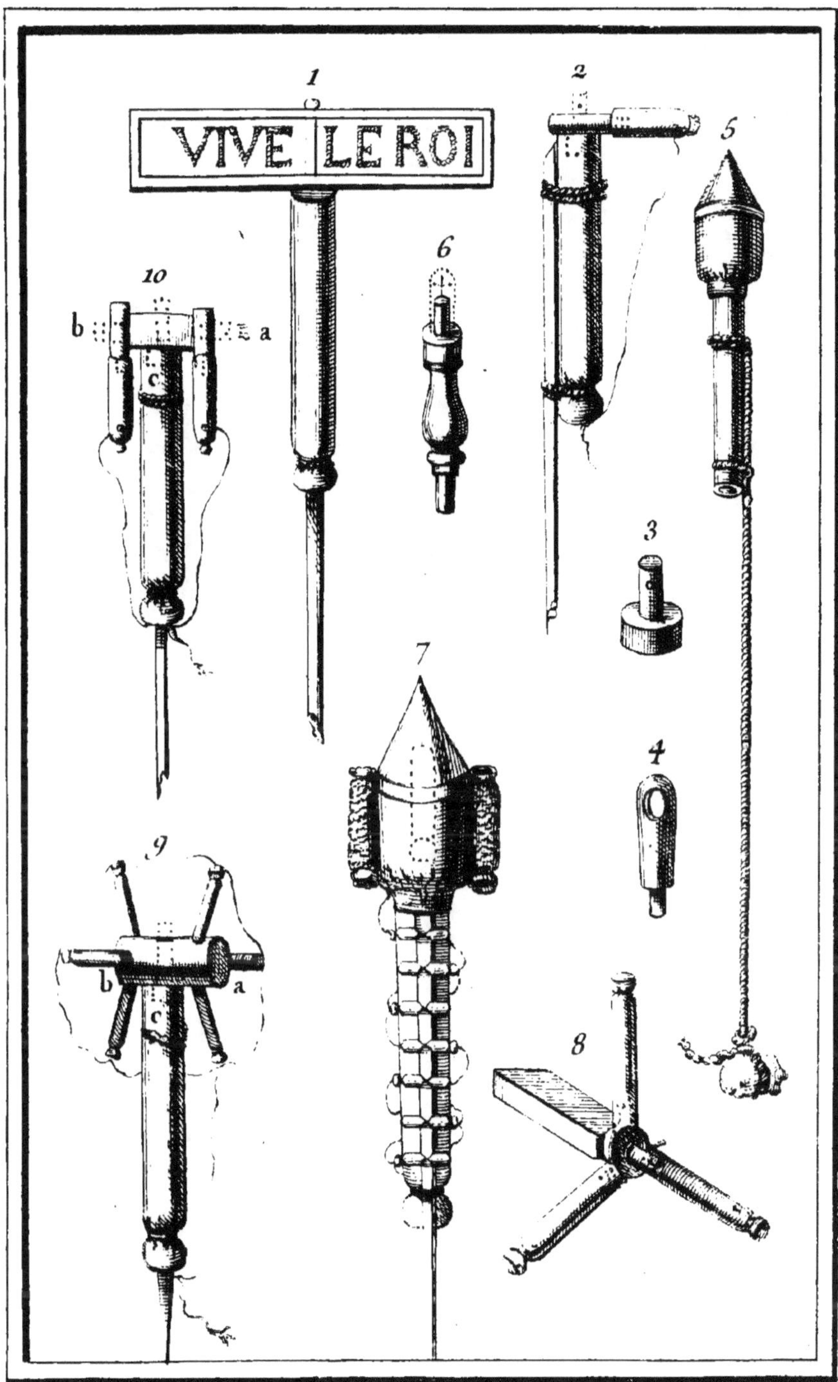

VIVE LE ROI
1
2
5
6
10
b
a
c
3
7
4
9
b
a
c
8

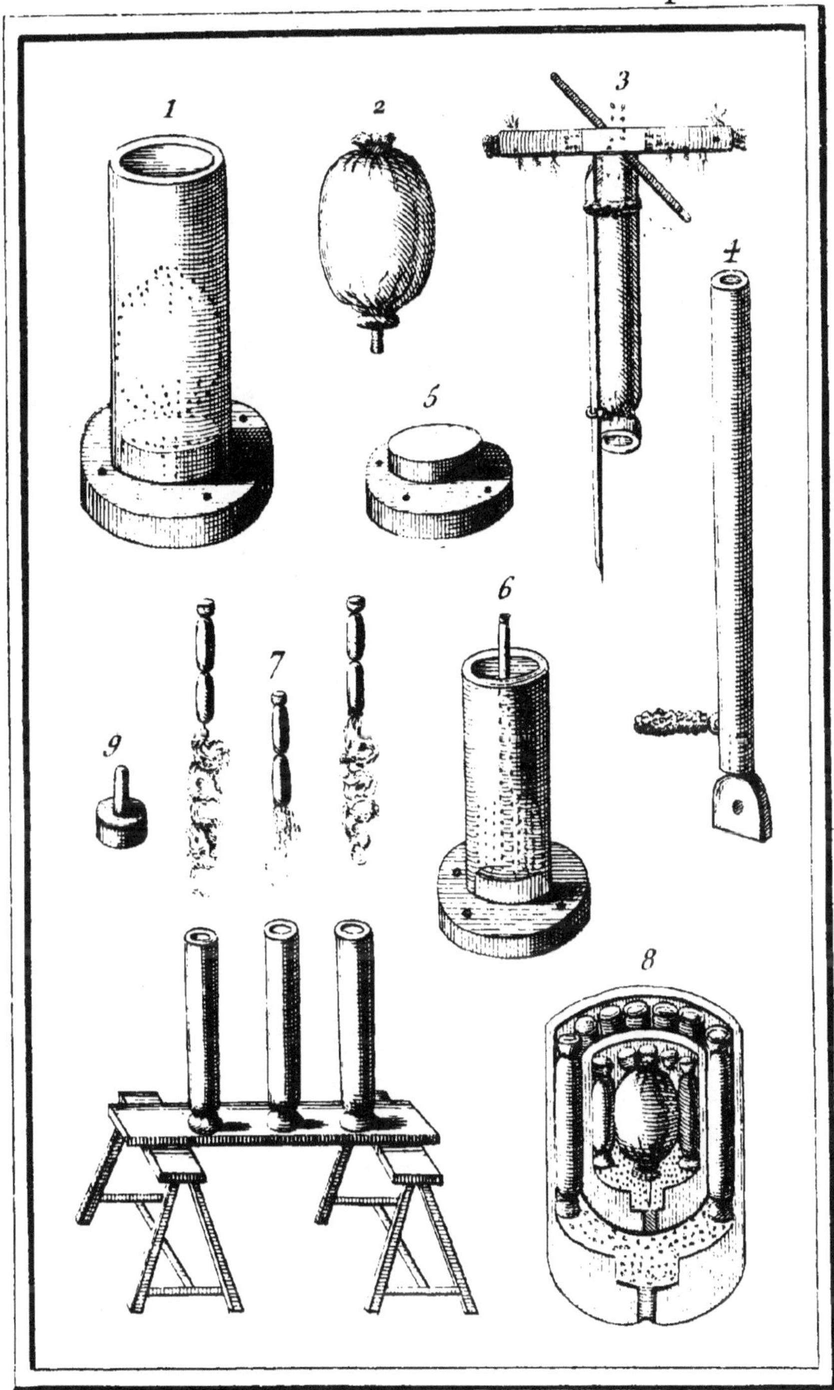

4me Planche.
1
2
3
4
5
6
7
8
9

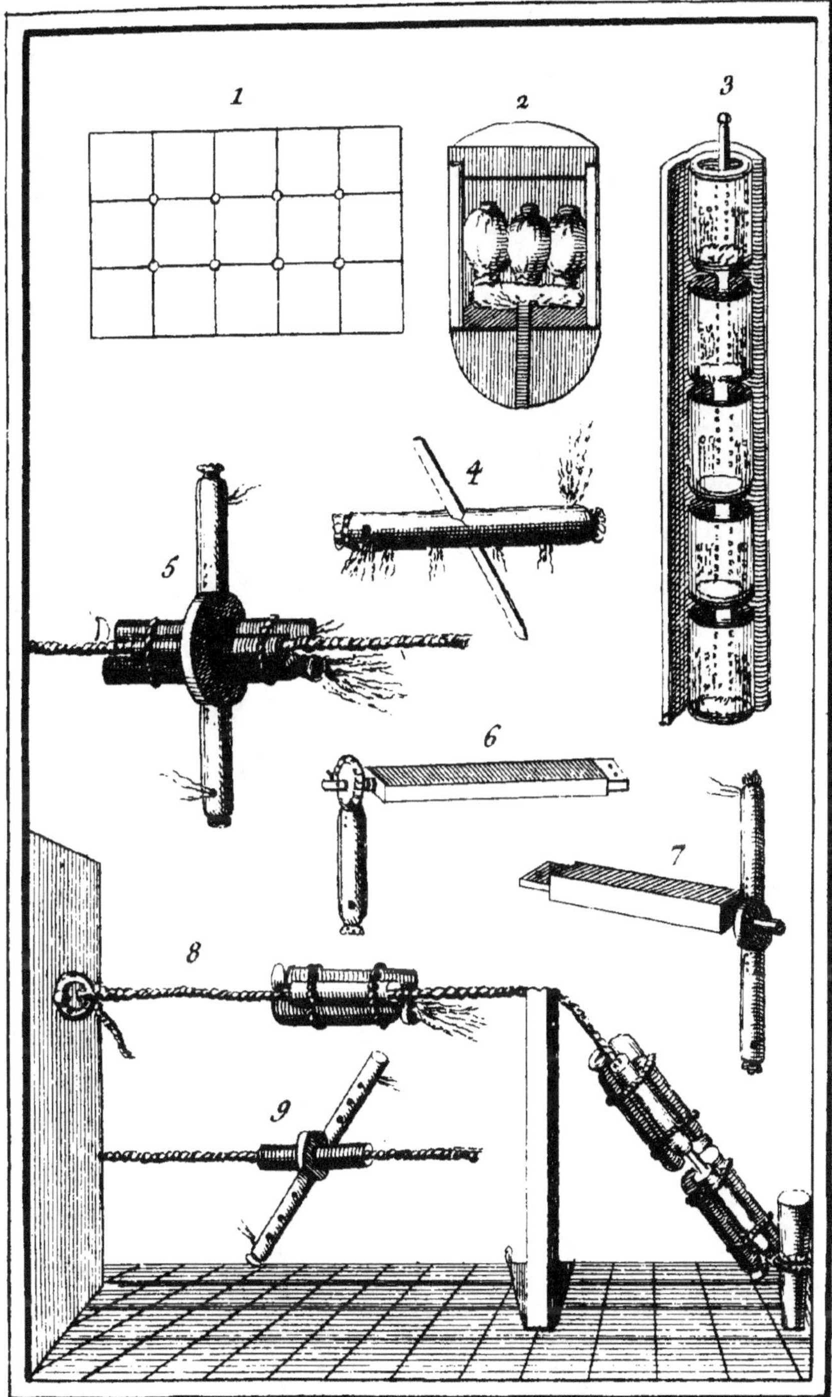

5.eme Planche.
1
2
3
4
5
6
7
8
9

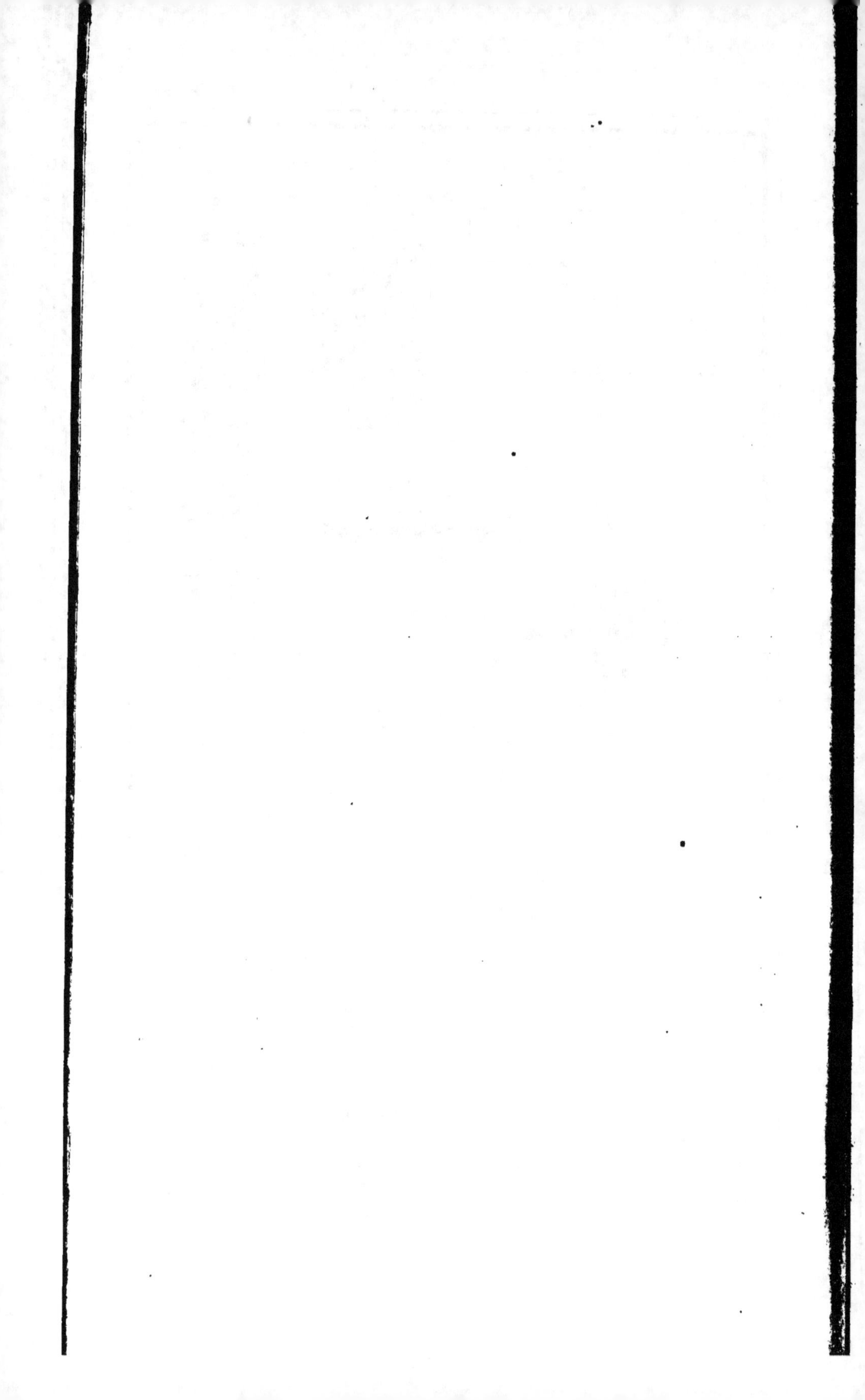

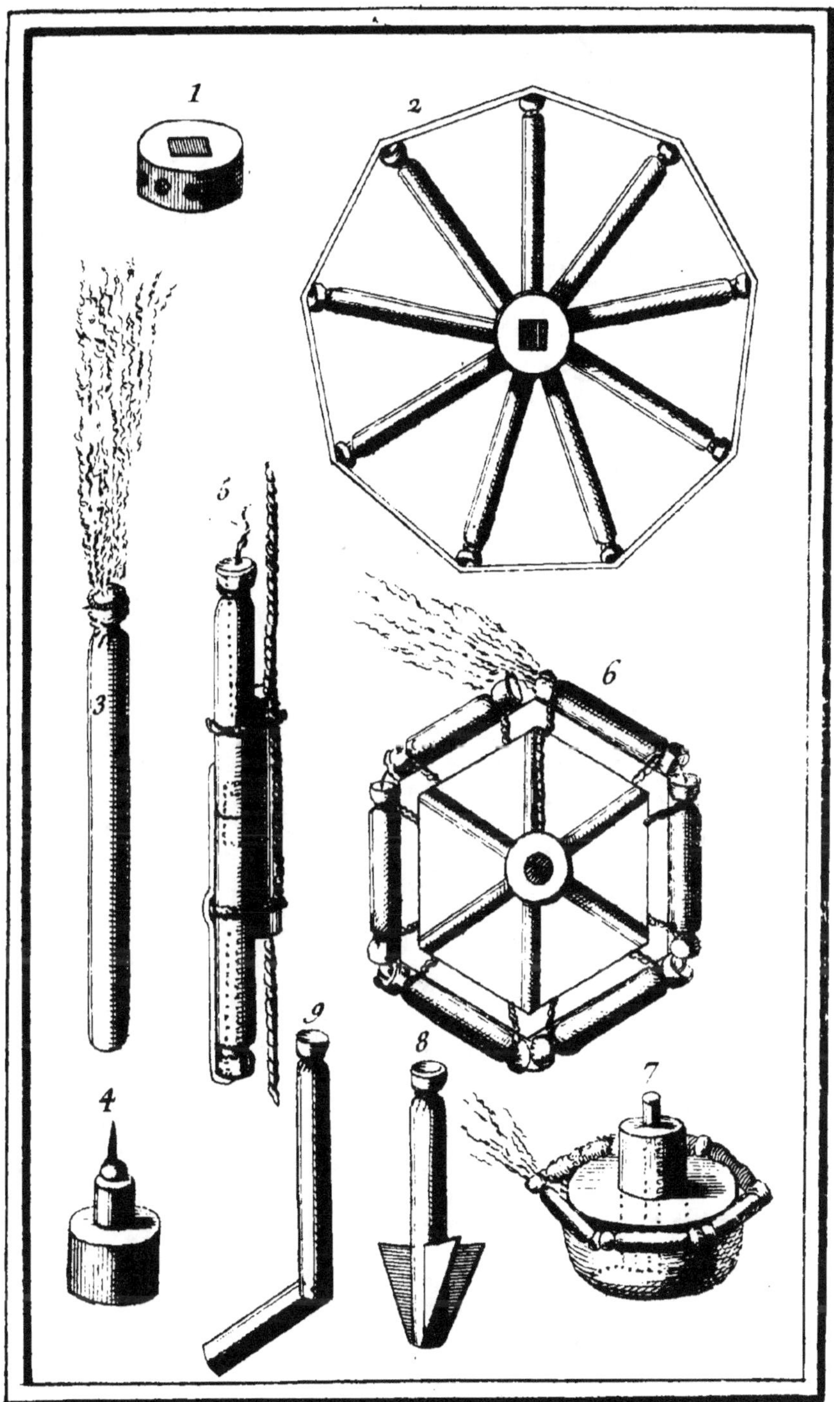

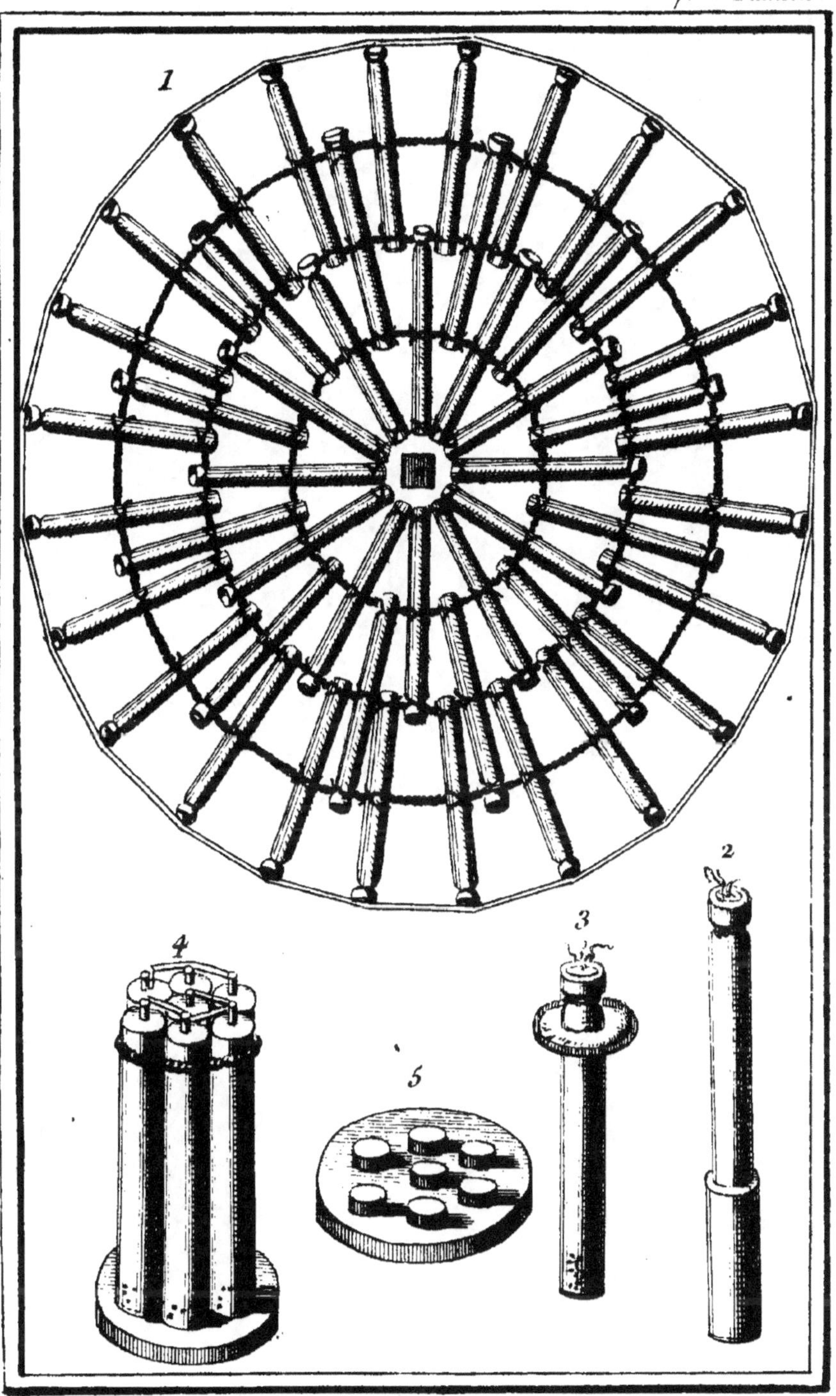
1
2
3
4
5

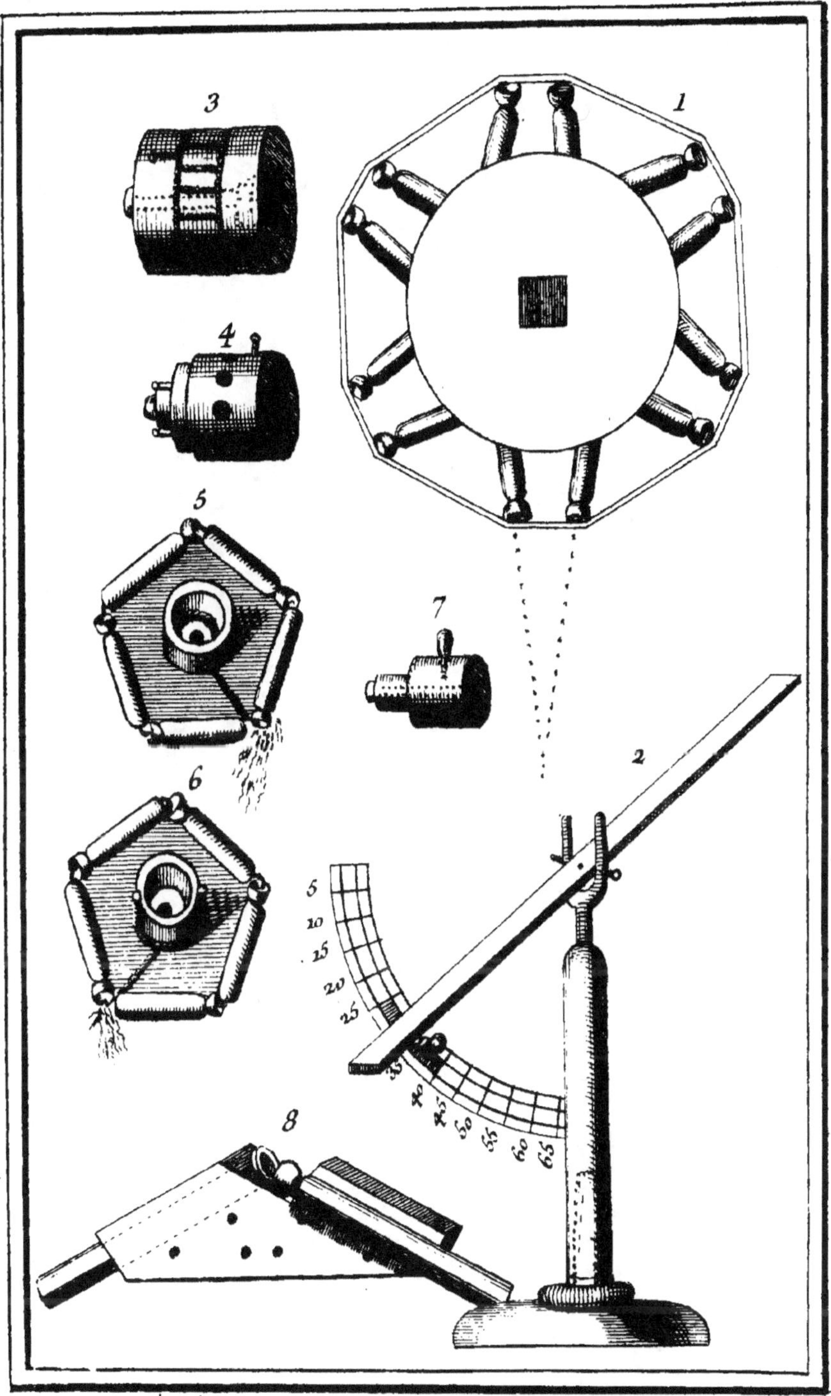
3
1
4
5
7
6
2
5
10
15
20
25
30
40
45
50
55
60
65
8

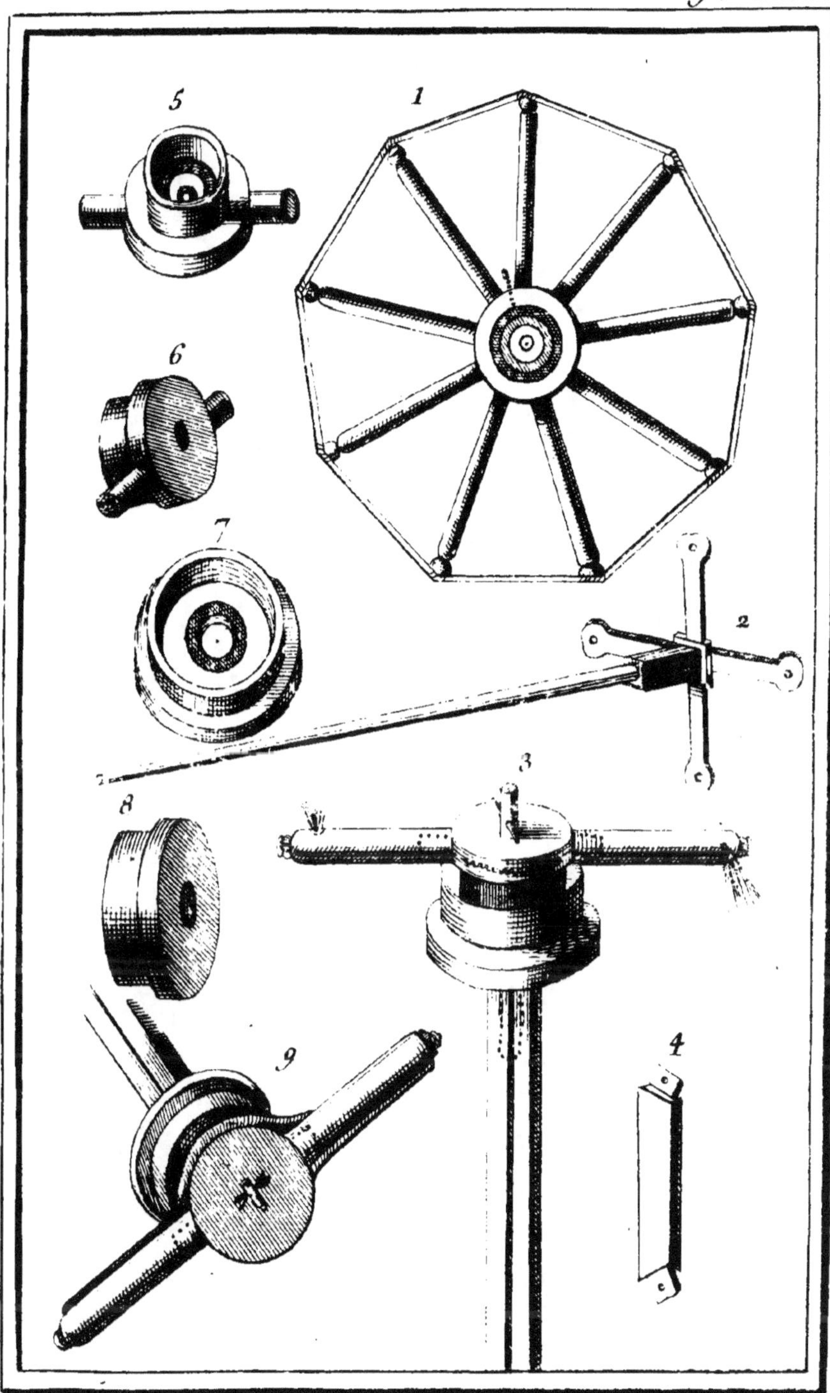

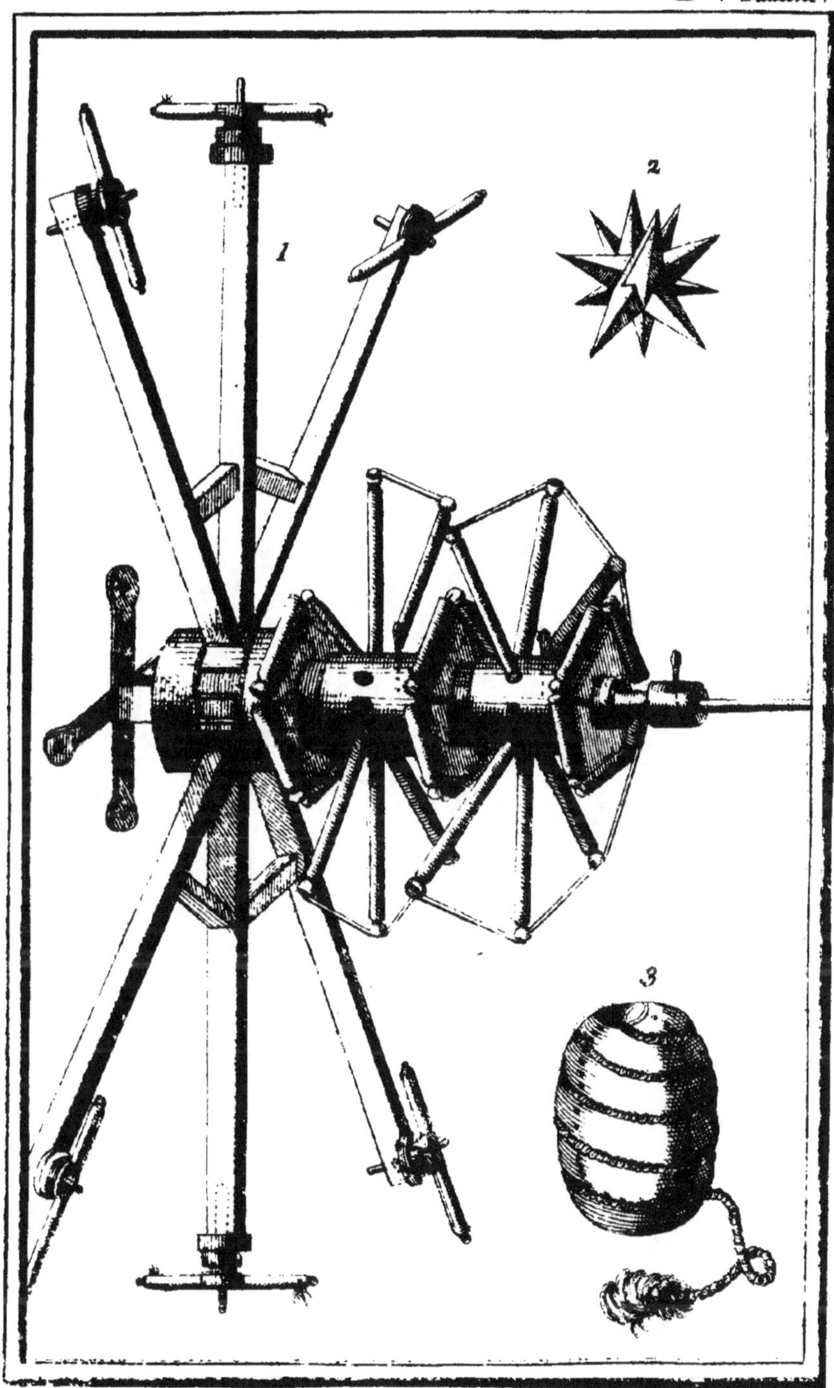
1
2
3

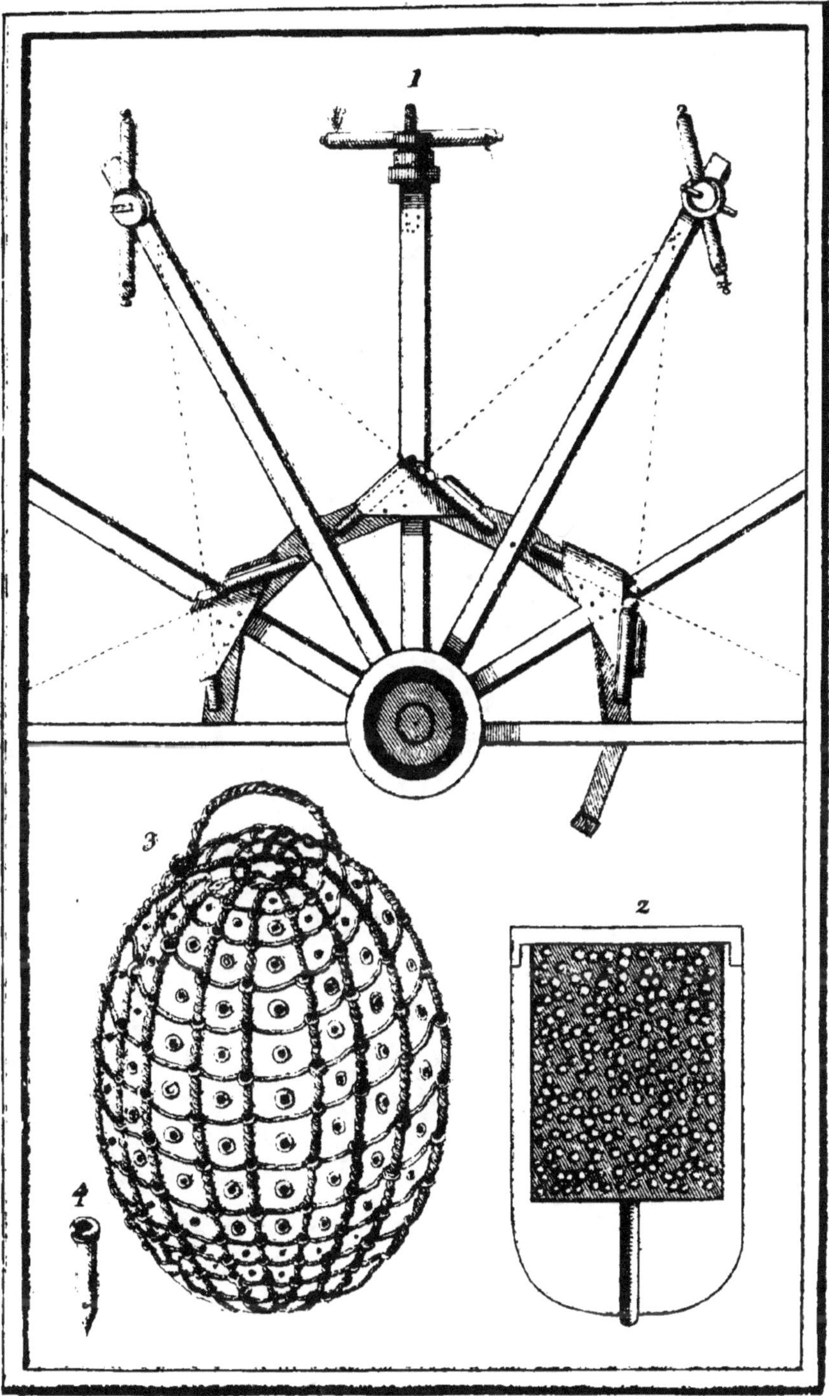

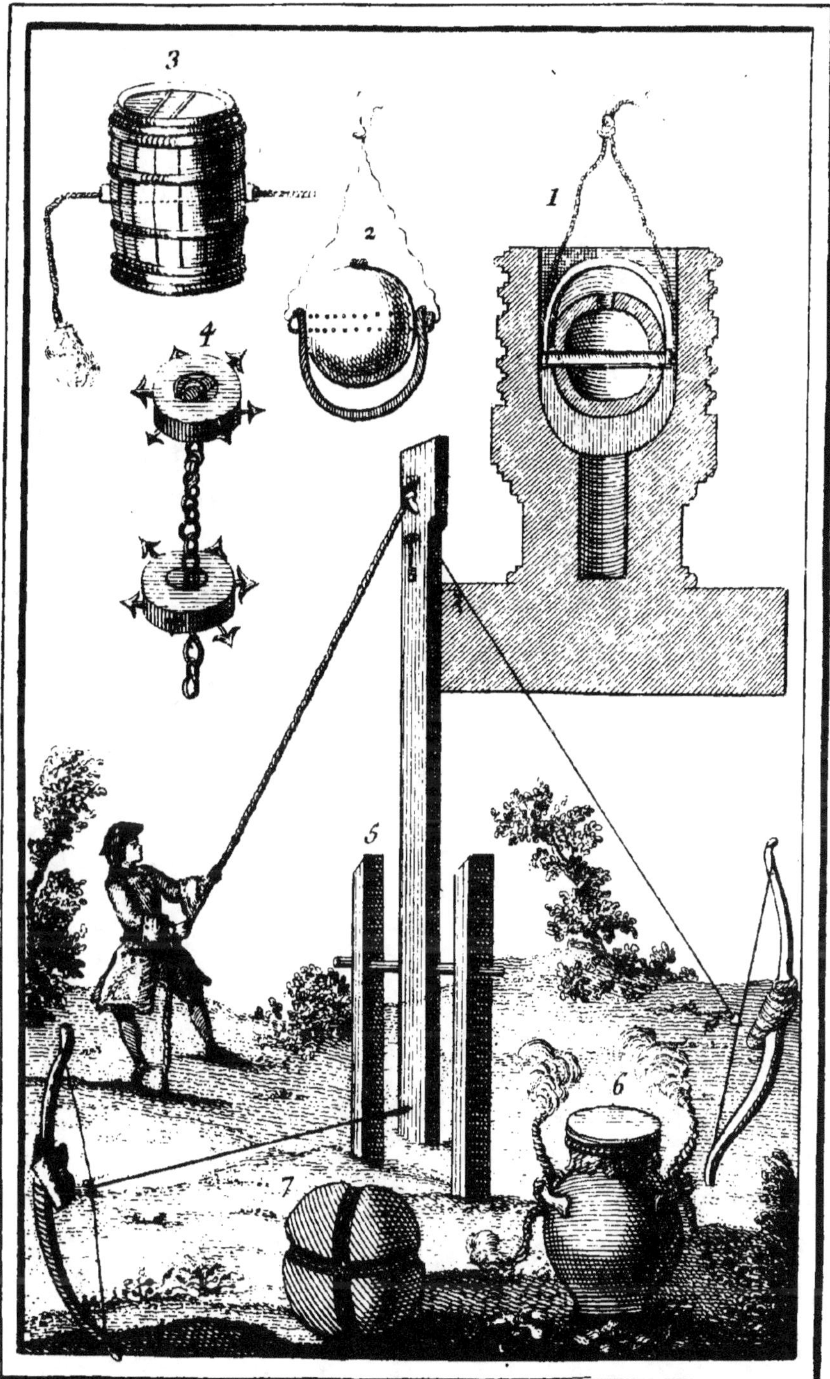

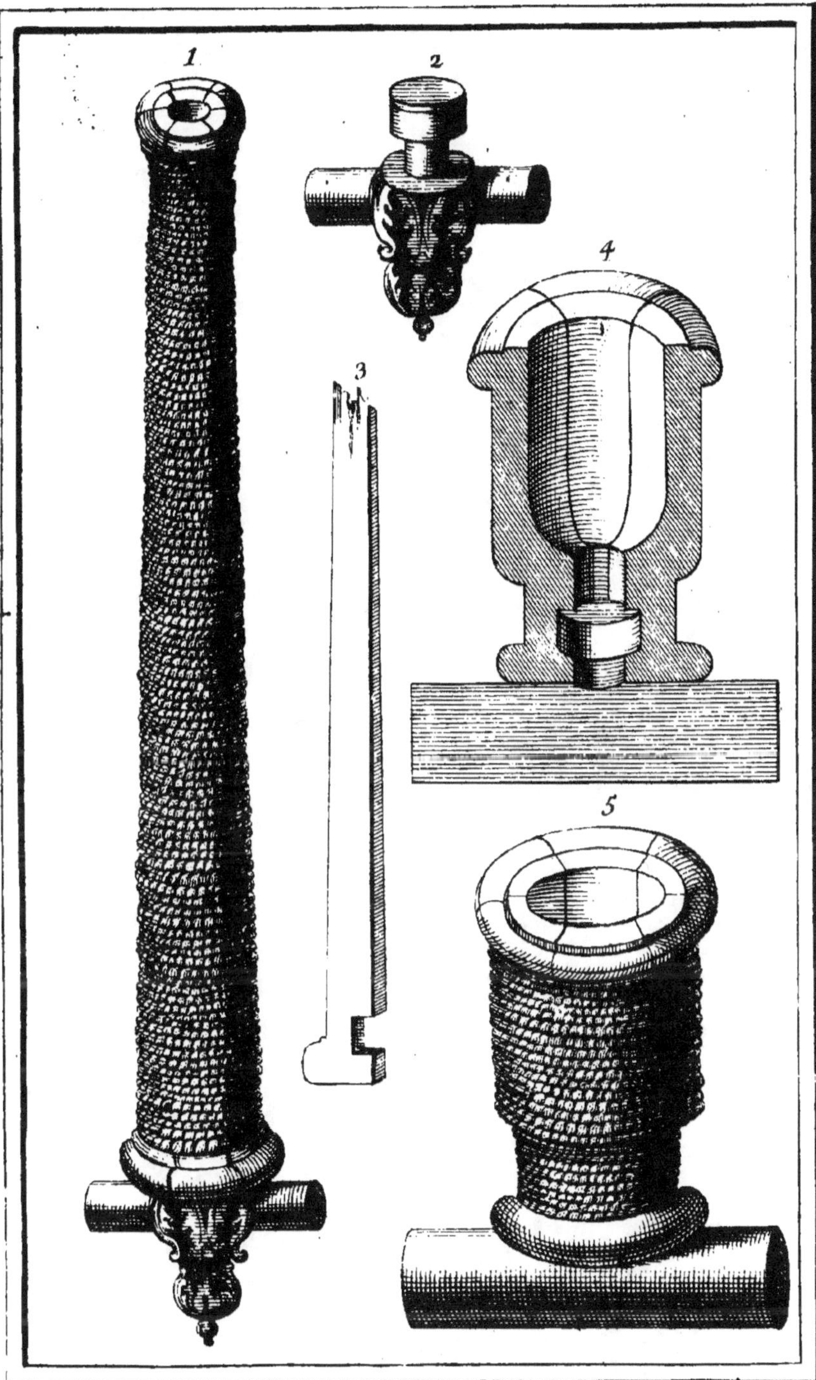

13.ème Planche
1
2
3
4
5